FISCHER
BOOT

Matthias G. von Hellfeld

Davongekommen! Erwachsenwerden im Holocaust

Fischer Taschenbuch Verlag

Fischer BOOT
Lektorat Christoph Göhler

Originalausgabe

Veröffentlicht im Fischer Taschenbuch Verlag GmbH
Frankfurt am Main, Oktober 1990

Umschlaggestaltung: Buchholz/Hinsch/Hensinger
Satz: Fotosatz Otto Gutfreund
Druck und Bindung: Clausen & Bosse, Leck
Printed in Germany
ISBN 3-596-27616-0

Inhalt

Eine Vergangenheit, die nicht vergeht

Obwohl seit über 40 Jahren beendet, ist die Geschichte des Nationalsozialismus immer noch aktuell, und sie wird es auch noch lange bleiben. Dafür gibt es viele Gründe. Keine andere geschichtliche Epoche hat so tiefe Wunden bei ihren Nachfahren hinterlassen wie das sogenannte »Dritte Reich«. Da ist die wohl für immer unfaßbare Tatsache von sechs Millionen ermordeten Juden. Da sind 50 Millionen tote Zivilisten und Soldaten und noch mal so viele durch den Krieg körperlich oder materiell geschädigte Menschen[1]. Da ist eine seit 1945 radikal veränderte europäische Landkarte, deren Grenzziehungen von manchen als ungerecht empfunden werden: Dies alles sind bis heute sichtbare Relikte von Nationalsozialismus und Zweitem Weltkrieg, täglich erlebbare Geschichte und tägliche Konfrontation mit der eigenen Vergangenheit.

Auch im Inneren der Republik ist die Zeit zwischen 1933 und 1945 beinahe allgegenwärtig. Die Frage, wie der überwiegende Teil des deutschen Volkes in einen kaum mehr nachvollziehbaren Rausch verfallen konnte, ist immer noch unbeantwortet. Strafprozesse gegen NS-Verbrecher rütteln die Öffentlichkeit ebenso auf wie Debatten im deutschen Bundestag über finanzielle Entschädigungen für Roma und Sinti, Zwangssterilisierte und andere Opfer des NS-Staates. Dabei wird, beinahe nebenbei, bemerkt, wie viele der Opfer noch heute in der Bundesrepublik leben. Als Folge des sogenannten »Historikerstreits« zerbrach ein bis dahin gültiger Konsens. Statt der erwünschten Klärung über das Wesen des Nationalsozialismus, über Ausmaß und Funktion des Holocaust, machte sich Verwirrung breit. Sollte dieser Teil deutscher Geschichte nun relativiert oder gar entschuldigt werden? Welche Absicht hatten jene Historiker, die den Streit hervorriefen? Schließlich boten und bieten historische Gedenktage und ihre offiziellen Reden immer wieder Anlaß für Diskussionen, bei denen sich häufig herausstellt, wie wenig viele Menschen über den Nationalsozialismus wissen.

Während Bundespräsident Richard von Weizsäcker nach seiner Rede vom 8. Mai 1985 zum 40. Jahrestag des Kriegsendes allgemeine Zustimmung in In- und Ausland erntete, mußte der damalige Bundestagspräsident, Philipp Jenninger, bald nach seiner Ansprache, am 9. November 1988 bei einer Bundestagsgedenkstunde aus Anlaß der 50. Wiederkehr der »Reichspogromnacht« zurücktreten. Beide Reden sind markant, und die Reaktionen, die sie provozierten, belegen, wie sehr die »Wunde namens Hitler« noch schmerzt.

Der Bundespräsident verschaffte sich und dem von ihm repräsentierten deutschen Volk in aller Welt Anerkennung. Der Tenor seiner Rede lautete, wir müßten lernen, mit den unwiderlegbaren Tatsachen der Geschichte zu leben und die Konsequenzen auch dann zu akzeptieren, wenn wir sie nicht selbst verschuldet hätten; daraus müsse sich verantwortliches Handeln ableiten. Damit stieß er in der Bundesrepublik nicht auf ungeteilte Zustimmung. Nicht nur rechtsradikale Radaublätter warfen von Weizsäcker »Verrat an deutschen Interessen« vor, auch in den Reihen der CDU/CSU-Bundestagsfraktion gab es Widerstand gegen die Rede.

Rund 30 Abgeordnete der CSU blieben der Feierstunde am 8. Mai 1985 aus Protest fern. In ihrer Erklärung traten jene Ressentiments zutage, mit denen seit Jahren in der rechtsextremen Presse gehandelt wird. Die Abgeordneten sind keine Rechtsextremisten, aber zumindest gedanklich ist die Grenze zu ihnen verwaschen. Lorenz Niegel machte sich zu ihrem Sprecher und formulierte die Einwände der Parlamentarier in der »Deutschen Tagespost«[2]. Deutsche Geschichte – so schrieb Niegel – werde von außen manipuliert, die jeder nationalen Identität beraubten Deutschen würden mit Schuldkomplexen beladen, und schließlich sei der 8. Mai allenfalls ein Trauertag, weil er zum Ausgangspunkt für neues Unrecht und Leid geworden sei. Später publizierte Niegel gemeinsam mit dem Bonner Politologen Hans-Helmuth Knütter die Leserbriefe, die auf seinen Zeitungsartikel hin eingegangen waren[3]. In der Broschüre heißt es u. a.: Der alle Parteien einende antitotalitäre Konsens sei zerfallen, weil »antifaschistische Phrasen« den Kommunismus salonfähig gemacht hätten; ein »ununterbrochener Strom antifaschistischer Bewältigungspropaganda« prassele auf die Bürger herab. »Die »Vergangenheitsbewältiger« vergäßen die erheblich größeren Verbrechen des Kommunismus. Mehr noch: Sie machten sich vielleicht sogar

> »absichtlich (zu) Helfern jener politischen Geschäftemacher, denen es darum geht, ein eingeredetes Schuldbewußtsein zu benutzen, um die deutsche Politik durch moralische Erpressungen zu manipulieren«.

An anderer Stelle argwöhnte Hans-Helmuth Knütter, daß

> »politische Geschäftemacher... die Bewältigung der Vergangenheit und Antifaschismus... nicht als Vorgang der Reinigung (werten), sondern als Schuldanerkennung, und sie verdoppeln ihre Forderungen«.[4]

Hier werden antisemitische Vorurteile angesprochen. Denn auch wenn nicht offen gesagt wird, wer gemeint ist, bleibt nur eine Antwort schlüssig: Der Staat Israel oder jene Gruppen, die sich für finanzielle Entschädigungen der NS-Opfer einsetzen. Der Beifall von rechts außen[5] macht überdies deutlich, in welcher Weise derartige Verlautbarungen das Terrain für rechtsextreme und neonazistische Kreise bereinigen.

Natürlich fehlt es nicht an gut gemeinten, bisweilen aber mißlungenen Versuchen, Solidarität mit den Opfern herzustellen – manchmal mit unzulänglichen Worten und mißlichen Taten[6]. Die erwähnte Rede des damaligen Bundestagspräsidenten Philipp Jenninger ist ein Beispiel dafür[7]. Nicht Absicht und Inhalt seiner schriftlich sehr viel besseren Rede lösten den Sturm der Entrüstung aus, der schließlich zu seinem Rücktritt führte. Heftig kritisiert wurde vielmehr die erschreckende sprachliche Leichtfertigkeit, mit der er seine Gedanken vortrug. In seiner Ansprache versuchte er, ein Szenarium zu entwickeln, in dem vor 1933 vorhandene rassistische Vorurteile gedeihen und schließlich nach Auschwitz führen konnten. Er blieb aber bei der Aufzählung damals stereotyper antijüdischer Vorurteile stehen. Statt dessen hätte er fragen müssen, wer die Vorurteile schürte, woher sie kamen, wieweit die Menschen damit übereinstimmten, welche Ursachen es dafür gab, wem die darauf einsetzende Politik nützte und wie man verhindern kann, daß sich Derartiges wiederholt.

Am Grab des Ermordeten sollte man nicht über die »faszinierende« Psyche seines Mörders reden. Hitlers »Triumphzug« hatte viele Millionen Opfer gefordert. Sie wurden gejagt, gequält und kaltblütig umgebracht – was ist an diesem »Triumphzug faszinierend«? Welchen Schock müssen diese unbedachten Sätze bei den Opfern und ihren Angehörigen ausgelöst haben? Anstatt den

Holocaust historisch einzuordnen, zeigte der Bundestagspräsident scheinbar Verständnis für die Ursachen und die anschließende Verdrängung des Völkermordes.

In der Tat kann man nachvollziehen, was in den Köpfen der Menschen am Ende der Weimarer Republik vorgegangen ist. Viele haben diese Zeit als Abfolge von Demütigungen und Niederlagen empfunden. Zunächst verlor das Deutsche Reich den mit verschuldeten Ersten Weltkrieg und damit seine Weltgeltung, dann wurden den Deutschen im Versailler Friedensvertrag harte Wiedergutmachungsleistungen vorgeschrieben. Politische Extremisten lieferten sich einen zermürbenden Kampf, die Gesellschaft war unheilbar zerstritten. Zunehmende wirtschaftliche Not und die faktische Handlungsunfähigkeit der großen Parteien ließen viele Menschen resignieren. Die NSDAP hat das mit ihrer sehr bald meisterhaft entwickelten Propaganda weitgehend für sich ausgenutzt.

Aber es kam doch noch etwas anderes hinzu. Konservative bis reaktionäre Führungseliten in Justiz und Polizei, in Wirtschaft und Armee, bei der Presse und in der Wissenschaft legten zusätzlich Hand an die Weimarer Demokratie. Sie wären auch ohne die NSDAP zu Totengräbern der Republik geworden, weil sie ihre wirtschaftlichen, politischen und sozialen Interessen durchsetzen wollten. In dem Augenblick, als die NS-Bewegung zu einer Massenpartei mit erheblichen Wahlerfolgen wurde, reihten sie sich ein in die Formationen der »nationalen Revolution«.

Mit dem endgültigen Sieg der NSDAP in den Jahren 1933/34 mußte eine andere deutsche Tradition eine verheerende Niederlage einstecken. Die Ideen von Aufklärung und Liberalismus, von Demokratie und Sozialismus wurden für zwölf Jahre eliminiert. Dennoch gab es viele tausend Menschen, die für ihre humanen Überzeugungen erbitterten Widerstand gegen die braunen Machthaber leisteten. Sie waren nicht einverstanden mit den allgemein vorherrschenden Ideen, sie hängten ihre Fahnen nicht in den Wind, sondern hielten sie, solange es ging, hoch. Auf sie muß sich der demokratische Nachfolgestaat des »Dritten Reiches« berufen; er muß sich mit diesen Gegnern des Nationalsozialismus solidarisieren. So hätte man 1945 wie selbstverständlich denken können. Zwar hatte sich die Mehrheit der Deutschen von der Humanität verabschiedet, aber es waren eben nicht alle.
 Philipp Jenninger zwängte dennoch alle Deutschen in eine Art

Kollektivhaftung[8]. Er verneinte damit jenen kleineren Teil von Deutschen, die humane Werte aufrechtzuerhalten versuchten, auch wenn sie wenig später unter den Stiefeltritten von Gestapo und SS zertrampelt wurden.

Die Gegner des Nationalsozialismus haben verloren, sie gehören auch zu seinen Opfern. Sie haben Leben und Gesundheit eingesetzt, und zumindest für sie war die Niederlage des Jahres 1945 nicht »sinnlos« – wie Jenninger vermutete. Als er dann den Deutschen wiederum pauschal eine »blitzartige Abkehr von Hitler« bescheinigte, war die Entsolidarisierung mit den Opfern perfekt. Indirekt hatte Jenninger damit recht, denn die NS-Opfer hatten in der neuen Republik nichts zu sagen. Im Gegenteil: Der Bodensatz brauner Ideen blieb erhalten. Am Ende der Rede schlich sich der furchterregende Gedanke ein, Jenninger könnte etlichen Deutschen aus dem Herzen gesprochen haben. Ist es vielleicht wirklich so, daß viele Bundesbürger die Nase voll davon haben, sich mit der Wahrheit auseinandersetzen zu müssen?

Die Verunsicherung über die eigene Geschichte war schon vorher durch den sogenannten »Historikerstreit« vergrößert worden. Dort wurden mit einemmal bisher über alle Gegensätze hinweg konsensfähige historische Urteile aufgegeben. Statt dessen wurde ein offener Streit über den Nationalsozialismus, den Zweiten Weltkrieg und vor allem über die Vernichtung des europäischen Judentums vom Zaun gebrochen. Die Befürworter einer historischen Neubewertung der NS-Zeit stellten – knapp beschrieben – folgende Gedanken zur Diskussion.

Es habe eine Wechselbeziehung gegeben zwischen dem zeitlich früheren Bolschewismus und den verschiedenen europäischen Faschismen, deren deutsche Variante der Nationalsozialismus gewesen sei. Der Bolschewismus habe eine Bedrohung für Europa dargestellt, und die faschistischen Systeme seien die Antwort darauf gewesen bzw. der Versuch der Europäer, sich dagegen zur Wehr zu setzen. Es wurde unterstellt, Bolschewismus und Faschismus seien jeweils totalitäre Systeme und miteinander vergleichbar. Diese prinzipielle Vergleichbarkeit beträfe natürlich auch die Methoden der Machterhaltung und Machtausdehnung sowie, darin eingeschlossen, die Unterdrückung und Vernichtung von politischen Gegnern. Die bolschewistische Klassenfeindvernichtung lag wiederum zeitlich vor der Vernichtung des zum

»Weltfeind« stilisierten Judentums durch die Nationalsozialisten. Die Bedrohung Europas durch den »verjudeten« Bolschewismus und seine brutalen Vernichtungsmethoden seien in Deutschland bekannt gewesen; sie hätten die Vernichtungsfeldzüge des NS-Staates geprägt. Somit sei der Bolschewismus in gewisser Weise ein Vorbild, der Nationalsozialismus sein Nachahmer gewesen. Einzig die technische Perfektion, mit der die Vernichtung der Juden betrieben wurde, habe die Lager (Archipel Gulag) der Bolschewisten noch übertroffen. Auch die beiden Hauptfiguren, Stalin und Hitler, seien in dieser »kausalen Beziehung« zu sehen. Der Urheber der bolschewistischen Klassenfeindvernichtung, Stalin, sei nicht nur die personifizierte Bedrohung Europas gewesen, sondern auch Hitlers Vorbild. Dessen Krieg gegen das europäische Judentum und den Kommunismus habe vorbeugenden Charakter besessen, weil bei einem Sieg des Bolschewismus die eigene Ausrottung bevorgestanden hätte. Zum anderen sei die Vernichtung von Juden und Kommunisten, der beiden von Hitler ausgemachten Verursacher der europäischen Bedrohung, lediglich eine Nachahmung der Klassenfeindvernichtung durch die Bolschewiki nach der russischen Revolution gewesen. Jener »kausale Nexus« ließ dann die vereinfachende Folgerung zu: Ohne Bolschewismus kein Faschismus, ohne Stalin kein Hitler und ohne Archipel Gulag kein Auschwitz.[9]

Damit waren Dämme losgetreten und ein Konsens aufgekündigt, der bis dahin Historiker aller Schattierungen geeint hatte. Die Einmaligkeit des ungeheuren Verbrechens von Auschwitz wurde von namhaften Historikern relativiert, die Schuld des NS-Staates am Zweiten Weltkrieg in Frage gestellt. Statt die Tatsachen zu analysieren, die Verbrechen zu erkennen und sich mit den Opfern zu solidarisieren, sollte die eigentliche Schuld auf Hitlers Lehrmeister Stalin abgewälzt werden. Keine Rede mehr davon, daß ein Großteil der Weimarer Gesellschaft antisemitische und antikommunistische Vorurteile hatte. Keine Rede mehr davon, daß ein Großteil der Bevölkerung mit der Politik des NS-Staates lange Zeit übereinstimmte. Keine Rede mehr davon, daß das verbrecherische System des Nationalsozialismus von einem Großteil der Deutschen unterstützt und gewählt worden war. Der Angriff auf die europäischen Nachbarn sollte relativiert werden; die eigentliche Ursache der europäischen Katastrophe sei nämlich der stalinistische Bolschewismus gewesen. Aber Antisemitismus und Antikommunismus waren zentrale Bestandteile der NS-Ideologie. Die Vernichtung von Menschen war dieser Ideologie ebenso eigen wie der »unbedingte« Wille zur praktischen Umsetzung.

Der Faschismus sei eine »epochaltypische« Erscheinung gewesen, hieß es im Verlaufe des »Historikerstreits«. Der Faschismus habe nur in der wechselseitigen Beziehung zum Bolschewismus und nur in dieser einen historischen Situation existieren können. Diese Epoche sei nun vorbei und die Gefahr einer »faschistischen Wiederholungstat« sozusagen von selbst gebannt.

Zunehmend mehr Menschen engagieren sich aber heute für jene politischen Parteien, die ihnen Hoffnung auf radikale und schnelle »Lösungen« machen. Insbesondere Franz Schönhuber, der mit einem stupiden Populismus Emotionen, dumpfe Ängste und Fremdenhaß schürt, macht mit seinen »Republikanern« von sich reden. Die »Republikaner« wettern gegen die angebliche »Geschichtsklitterung«, welche die deutsche Geschichte auf die zwölf Jahre von 1933 bis 1945 reduziere. Sie agitieren gegen Ausländer und Asylbewerber, machen deren Anwesenheit für wachsende soziale Mißstände verantwortlich, fordern »Deutschland den Deutschen« und meinen damit eine »ausländerfreie« Bundesrepublik. Sie predigen den »law and order«-Staat, der Hausbesetzer und andere »Chaoten« hinter Schloß und Riegel bringt. Insbesondere der Führer, Franz Schönhuber, verherrlicht die Waffen-SS – als hätte es einen Faschismus ohne Hitler, Auschwitz und Weltkrieg gegeben[10]. Der »kleine Mann« soll – gemeinsam mit den »Republikanern« – seine Belange selbst in die Hand nehmen und eine Revolution beginnen, die nicht wieder von Parteibonzen verraten werden kann. Die »wahre Volksgemeinschaft« soll entstehen – ohne Ausländer, Kriminelle, Emanzen und »Chaoten«. Die Frau soll gebären, während dem Mann das Regieren vorbehalten bleibt. Den Frauen, so verrät es das »Republikaner«-Parteiprogramm, sei es nämlich »gegeben, durch Wärme und Hingabe ein Klima der Geborgenheit zu schaffen, in welchem Familie und Kinder gedeihen können«.

Es ist sicher zu einfach, all diese Vorstellungen als seichten Abklatsch des NSDAP-Programms abzutun. Die »Republikaner« wehren sich auch heftig dagegen, indem sie sich von randalierenden Neonazis und rechtsextremistischen Gruppen ebenso distanzieren wie von dem Vorwurf, schlichte Nachahmer der frühen NSDAP zu sein. Sie stellen sich als konservative Partei rechts von der CDU dar. Aber der Schein trügt. Sie sind personell und theoretisch eng mit dem rechtsextremistischen Lager verbunden[11]. Außerdem sind die propagierten »Lösungen« keine Lösungen, weil die Probleme viel komplizierter sind, als sie von den »Republikanern« dargestellt werden. Die »Ausländer-raus«-Forderung ist ohne staatlich-militante Gewalt nicht durchsetzbar, die europäische Einigung wird auch von den »Republikanern« nicht verhindert werden, und die bisher erreichte Gleichberechtigung werden sich die Frauen zu Recht nicht wieder nehmen lassen. Auch der Versuch, die deutsche Geschichte von Hitler, Auschwitz und Weltkrieg zu befreien, scheitert.

Der Präsident des Bundesamtes für den Verfassungsschutz, Gerhard Boeden, fordert in der Auseinandersetzung mit rechtsextremen Parteien »kämpferische Aufklärung«[12]. Gleichzeitig mahnt er vor einer Überreaktion, um das politische Anliegen der Rechtsextremisten nicht noch weiter zu verbreiten. Dahinter steckt eine entlarvende Feststellung: Wäre es denn wirklich gefährlich, wenn das Anliegen der Rechtsextremisten bekannt würde? Oder umgekehrt: Wie hoch wäre die Zahl derer, die erneut bereit wären, rechtsextremen Parolen hinterherzulaufen? Haben diese Menschen also die so oft beschworene »historische Lektion« nicht gelernt? Die zeitweiligen Wahlerfolge der »Republikaner« scheinen ein deutlicher Beleg dafür zu sein, daß viele Bundesbürger keineswegs gefeit sind gegen die radikal-simplen »Lösungen« von rechts außen. Gerhard Boeden rechnet für die nächste Zeit mit einem anhaltenden Auftrieb für die rechtsextremen Parteien. Wer hätte sich das vor 45 Jahren vorstellen können? Vielleicht muß man aber auch andersherum fragen: Wie viele haben sich wohl nach 1945 gewünscht, daß es solche Parteien bald wieder geben möge?

Unabhängig von der Programmatik rechtsextremer Parteien liegt in der Hoffnung, die sie bei ihren Wählern wecken, eine Parallele zur NSDAP am Ende der Weimarer Republik. Die NS-Propagandisten verstanden es, die Ängste und Sorgen der Menschen aufzunehmen und angeblich Schuldige oder Verursacher der ökonomischen und politischen Krise zu brandmarken. Viele ihrer frühen Wähler gehörten zu den Opfern der wirtschaftlichen Situation; sie wußten keinen Ausweg aus der scheinbar unendlichen Krise ihrer Zeit. Natürlich gehören heute auch militante

Neonazis zum Umfeld rechtsextremer Parteien; viele Wähler von DVU/NPD und »Republikanern« sind aber in erster Linie Opfer der sich rasant modernisierenden Gesellschaft. Sie projizieren ihre zum Teil berechtigten Frustrationen auf rechtsextreme Parteien[13], da sie den »etablierten« Parteien eine Vertretung ihrer Interessen nicht mehr zutrauen. Ein anderer Grund für die schwache Immunität gegenüber rechtsradikalen Lösungen ist die mangelnde Aufklärung über die Konsequenzen einer rechtsextremen Politik. Hier können Lebensgeschichten von Zeitgenossen vielleicht eine Lücke schließen. Sie nämlich haben die Folgen einer menschenverachtenden Politik am eigenen Leib zu spüren bekommen.

Der Weg der Opfer ist in der Bundesrepublik im Gegensatz zu dem mancher Täter dornenreich gewesen. Eigentlich hätten sie erwarten können, als Opfer einer antidemokratischen Zeit sozusagen automatisch die Solidarität der Demokraten zu erfahren. Das aber war ein Trugschluß. Die Feinde der Diktatur wurden nach 1945 selektiert, ihre Motive zum Widerstand mit der Elle der nun herrschenden bürgerlichen Ideologie gemessen. Der kommunistische Widerstandskämpfer hatte es deshalb mit der gesellschaftlichen Anerkennung ungleich schwerer als ein katholischer Pfarrer, der sich gegen das Hitler-Bild anstelle des Kruzifixes an der Wand des Klassenzimmers wehrte und dafür bestraft wurde. Teile der rebellierenden Jugend, Edelweißpiraten und andere Oppositionelle wurden weiterhin zu Kriminellen gestempelt, weil sie in der Wahl ihrer Mittel ebensowenig zimperlich waren wie ihre Henker[14].

Während viele Opfer des Nationalsozialismus einen zweiten Leidensweg durchmachten, wurde mit den Tätern relativ bald Frieden geschlossen. Ein amerikanischer Bericht über die Auswirkungen der Entnazifizierung stellte im September 1947 fest, daß ganze 0,24 % der Beamtenschaft ausgewechselt worden seien – bei den höheren Beamtenrängen waren es immerhin 0,5 %[15]. Viele Nachkriegskarrieren basierten auf der Teilnahme am verbrecherischen NS-System[16]. Trotz persönlicher Verstrickung konnten hohe und höchste Beamte in der Bundesrepublik ungehindert ihren Weg machen, während Tausende Opfer ihren Ansprüchen hinterherlaufen und zu allem Überfluß ihre Verfolgung auch noch »nachweisen« mußten. In den verschiedenen Kabinetten Konrad Adenauers befanden sich zahlreiche Minister und

Staatssekretäre, die in der NS-Bürokratie gegen die Menschenrechte verstoßen hatten. »Das Verbrechen von Auschwitz verlängert sich bis in unsere Tage«, schrieb Günter Grass 1965.[17] Zur gleichen Zeit zogen sich viele der Opfer zurück; sie verbrachten ihr oftmals zerstörtes Leben in Anonymität und Einsamkeit. Sie haben sich mittlerweile mit dem demokratischen Staat arrangiert. Spricht man sie auf die »schlimme Zeit« an, brechen verdrängte Enttäuschungen und Wut auf. Sie haben auf Solidarität gewartet und gehofft – sie wurde ihnen verweigert. Auch deshalb sollen einige von ihnen hier stellvertretend zu Wort kommen.

Die Geschichte der Täter wäre ziemlich lückenlos zu rekonstruieren. Aber Datenschutzbestimmungen oder Zugangsbeschränkungen zu Archiven schieben dem Forscherdrang einen oftmals wirksamen Riegel vor. Vielfach sind beweiskräftige Akten bewußt vernichtet worden, oder sie fielen dem Bombenkrieg tatsächlich zum Opfer. Claude Lanzmanns Film »Shoah«[18] legte beklemmend frei, welchen Wert die Aussagen der Täter heute haben. Sie lügen, beschönigen oder reden sich heraus, schieben den Opfern die Schuld in die Schuhe und sind vielfach Zeugnis geradezu unglaublicher Unbelehrbarkeit.

Die Geschichte der Opfer zu schreiben ist schwieriger. In den erhaltenen Prozeßunterlagen und Verfolgungsakten finden sich hauptsächlich negative Aussagen über Charakter und Motive der Betroffenen. Daneben gibt es denunzierende Akten der NS-Bürokratie oder zynische und höhnische Arztgutachten. Jede dort gefundene Beschreibung bedarf einer Gegenüberstellung. Die biographischen Berichte dagegen sind subjektiv und beschreiben das tatsächlich oder vermeintlich Erlebte. Sie werden hier in das historische Geschehen eingeordnet und nicht mit anderen Darstellungen konfrontiert. Sie werden nicht an einer möglichst detaillierten Darstellung der Wirklichkeit gemessen, sondern lediglich eingebettet in Informationen über die Bedingungen, unter denen sich das Erinnerliche abgespielt hat.

Die Opfer sind in der Regel unbekannt, die Täter hingegen nicht. Denn sie haben den Gang der Geschichte diktiert und dafür gesorgt, daß sie durch eine entsprechende Geschichtsschreibung ins rechte Bild gesetzt wurden. Die Opfer kommen hier mit einem Ausschnitt ihres Lebens zu Wort, um die andere Seite der Medaille nicht in Vergessenheit geraten zu lassen. Wer macht sich schon ernsthaft Gedanken darüber, ob sein Nachbar nicht vielleicht jahrelang im Zuchthaus gesessen hat, weil er Widerstandskämpfer war; wen interessiert es wirklich, wie es jenen Menschen geht, die nach 1945 ohne Familie weiterleben mußten, weil ihre Angehörigen in Auschwitz und anderswo umgebracht wurden? Wer macht sich ernsthaft Gedanken über diejenigen, die in einem Konzentrationslager aufwuchsen oder gar dort geboren, versteckt, von fremden Menschen großgezogen wurden und bis heute nicht wissen, wer ihre Eltern sind?

Diese Geschichte wird so lange nicht vergehen, wie wir uns nicht unvoreingenommen und sachlich mit ihr auseinandergesetzt haben. Es wird uns auch nicht befreien, wenn wir aus dem »Schatten der Vergangenheit« heraustreten, wie es uns falsche Apostel glauben machen wollen. Gerade im heutigen politischen Klima ist es wichtig, die Erinnerungen von Menschen zu lesen, die das »Dritte Reich« miterlebt haben. Ihre Erfahrungen können helfen, Wiederholungen zu verhindern.

Die Erlebnisberichte schildern die Auswirkungen einer menschenverachtenden Politik. Was trockene Dokumente und erschütternde Zahlen nicht leisten können, vermitteln die damals Betroffenen eindringlich: Mit willkürlichen »Begründungen« wurden sie ihrer Freiheit beraubt, mißachtet und gequält. Sie haben überlebt, andere nicht. Carlotta Marchand, Katharina M. und Herbert Westenburger haben sich in schmerzliche Zeiten zurückversetzt. Ihre Erinnerungen sollen bewahrt werden, sie sind Gedenken und Mahnung zugleich. Faschismus darf sich nicht wiederholen.

Herbert Westenburger – Freundschaft, nicht Kadavergehorsam

Eine politisch geschulte Jugend sollte der Garant für den möglichst langfristigen Bestand der nationalsozialistischen Herrschaft sein. »Jugend ist Zukunft« – so oder ähnlich lauteten entsprechende Parolen der NS-Propaganda. Um dieses Ziel zu erreichen, sollten alle Jungen und Mädchen zwischen 10 und 18 Jahren – erst freiwillig, später unter Androhung oder Anwendung von Zwang – im »Deutschen Jungvolk«, im »Jungmädel«, in der »Hitlerjugend« bzw. im »Bund deutscher Mädel« zusammengefaßt werden. Dort stand dann die »Schulung« zu Rassenbewußtsein, Gehorsam und Loyalität gegenüber »Führer, Volk und Vaterland« auf dem Programm[1]. Das Ergebnis sollten willfährige, »politische Soldaten« sein, die sich für den Staat uneingeschränkt selbst aufopferten.

Es gibt kaum ein Zitat, das den geplanten Werdegang eines jungen Menschen im Nationalsozialismus besser kennzeichnen würde, als der Auszug einer Rede, die Hitler am 2. Dezember 1938 in Reichenberg im Sudentenland gehalten hat:

> **»Diese Jugend, die lernt ja nichts anderes, als deutsch denken, deutsch handeln, und wenn diese Knaben mit 10 Jahren in unsere Organisationen hineinkommen, ... dann kommen sie vier Jahre später vom Jungvolk in die Hitlerjugend, und dort behalten wir sie wieder vier Jahre, und dann geben wir sie erst recht nicht zurück, ... sondern dann nehmen wir sie sofort in die Partei, die Arbeitsfront, in die SA oder in die SS, in das NSKK und so weiter. Und wenn sie dort zwei Jahre oder anderthalb Jahre sind und noch nicht ganze Nationalsozialisten geworden sein sollten, dann kommen sie in den Arbeitsdienst und werden dort wieder sechs oder sieben Monate geschliffen, ... dann die Wehrmacht zur weiteren Behandlung auf zwei Jahre, und dann nehmen wir sie, damit sie auf keinen Fall rückfällig werden, sofort wieder in die SA, SS und so weiter, und sie werden nicht mehr frei ihr ganzes Leben.«[2]**

»... und sie werden nicht mehr frei ihr ganzes Leben ...« – das war, deutlich formuliert und ebenso menschenverachtend wie zynisch, das »Erziehungsprogramm« der Nationalsozialisten.

Die Jugendlichen sollten von ihren Elternhäusern getrennt und politisch so geformt werden, daß sie bedenkenlos für den NS-Staat und seine Ideologie eintreten würden. Sie sollten dem »morschen System von gestern« entrissen werden. Sie sollten ihre Freiheit für den Staat opfern und dazu befähigt werden, andere Menschen zu unterdrücken oder das Lebensrecht anderer Völker zu mißachten. Außerdem sollte der jungen Generation ein neues »Rechtsbewußtsein« eingeimpft werden. »Gut« war danach, was den Deutschen nützt, »schlecht«, was ihnen schadet.

Im gesamten damaligen Reichsgebiet gab es zu Beginn des »Dritten Reiches«, am 30. Januar 1933, Gruppen des »Deutschen Jungvolks« und der »Hitlerjugend« (HJ). Im Jungvolk waren die sogenannten »Pimpfe« von 10 bis 14 Jahren, in der HJ die bis 18jährigen Jungen organisiert. Für die Mädchen[3] hießen die entsprechenden Gruppen »Jungmädel« und »Bund deutscher Mädel« (BDM), dem Mädchen bis zum 21. Lebensjahr angeschlossen sein sollten. Allwöchentlich fand ein obligatorischer Heimabend für die Gruppenmitglieder statt. Dort wurde politische Schulung betrieben, gesungen, es wurden Sportwettkämpfe durchgeführt und später auch paramilitärischer Drill betrieben. Hinzu kamen Wochenend- und Ferienfahrten, bei denen über die Grenzen der Herkunft hinweg allen Teilnehmern ein umfassendes Gemeinsamkeitsgefühl vermittelt wurde. Aus diesem Blickwinkel betrachtet war die HJ Anfang der 30er Jahre und auch noch einige Zeit nach der sogenannten »Machtergreifung« durch die NSDAP ein durchaus attraktives Freizeitangebot für junge Menschen.

Der »Eintritt« ins Jungvolk bzw. Jungmädel erfolgte schuljahrgangsweise jeweils am 20. April, dem Geburtstag Hitlers. Die 14jährigen wurden am gleichen Tag in die HJ bzw. den BDM »überwiesen«. Die HJ war in »Kameradschaften«, »Scharen«, »Gefolgschaften« und »Unterbännen« gegliedert, dann folgte als nächsthöhere Einheit der »Bann«. Jeweils 20 Banne waren einem »Gebiet« untergeordnet, von denen es im damaligen Reichsgebiet 35 gab. An der Spitze stand die »Reichsjugendführung«. Dort liefen die Fäden der immer größer werdenden Organisation zusammen. Ab 1936 stand der »Reichsjugendführer« (Baldur von Schirach[4], später Artur Axmann) einer »Obersten Reichsbehörde« vor.

Neben den normalen HJ-Gruppen gab es Spezialeinheiten, die auf militärische Anforderungen ausgerichtet waren: Das waren die Marine-, Flieger-, Reiter-, Nachrichten- oder Motor-HJ, in denen den Jungen spezielle Kenntnisse vermittelt wurden, die sie im Kriegsfall auch anwenden konnten. Dazu gab es einen Landdienst der HJ und einen HJ-Streifendienst, der den Betrieb in der HJ zu überwachen hatte. Später übernahm der HJ-Streifendienst, der eng mit SS und SA zusammenarbeitete, auch die Kontrolle und Überwachung von mißliebigen Jugendlichen. »Jugend von Jugend geführt« – so lautete einer der vielen HJ-Sprüche. Nun wurde die Jugend auch von Jugend kontrolliert.

Innerhalb der NSDAP hatte die HJ die Aufgabe, geeigneten Nachwuchs für die Partei heranzubilden. Die HJ war niemals unabhängig oder gar eigenständig. Im Gegenteil: Sie war integraler und zudem einer der wichtigsten Bestandteile des gesamten NS-Systems. Denn ohne folgsame und aufopferungsbereite Jugendliche konnte der nationalsozialistische Staat, dessen oberste Führer sich stets als Repräsentanten der Jugend ausgaben, auf lange Sicht nicht bestehen. Die politische Überzeugung der Älteren zu verändern schien schwieriger, als die Jüngeren von Kindesbeinen zu »echten« Nationalsozialisten zu erziehen. Dementsprechend hatten Aufbau und Ausweitung der HJ ab 1933 einen wichtigen Stellenwert in der NS-Politik.

Der Reichsjugendführung kam dabei eine Entwicklung zugute, die bereits vor 1933 weite Teile der deutschen Jugend erfaßt hatte. Das vage Bedürfnis nach Abkehr vom Alten, nach neuer Politik, die mit dem anscheinend unfähigen demokratischen Staat abrechnete, war bei vielen jungen Leuten verbreitet. Sie waren durchaus begeistert von der Idee, einen nationalen und sozialistischen Staat zu schaffen, in dem endlich Schluß wäre mit dem – wie sie meinten – unergiebigen Meinungsstreit zwischen den alten Parteien.

Da die HJ jene vorhandenen Strömungen und Vorstellungen der damaligen Jugend aufnahm, war sie anfangs recht erfolgreich. Viele Jugendgruppen lösten sich freiwillig auf, ihre Mitglieder traten in die HJ oder das Jungvolk ein. Durch staatliche Unterstützung – von der die anderen existierenden Organisationen ausgeschlossen waren – konnte die HJ noch attraktiver werden. Jungen und Mädchen aus ärmeren Schichten oder aus ländlichen Gegenden, die bis dahin kaum Gelegenheit gehabt hatten, ihren Ort zu verlassen, konnten nun »auf Fahrt« gehen. Sie waren mit einemmal in die große Gemeinschaft integriert, von der sie bis dahin allenfalls gehört hatten. Es schien, als mache der NS-Staat tatsächlich sein Versprechen wahr, eine »Volksgemeinschaft vom Kind bis zum Greis« zu schaffen.

Aber der Schein trog, und der Erfolg der HJ war nur von kurzer Dauer. Sehr bald nämlich stellte sich heraus, daß eine Organisation vom Ausmaß der HJ ohne strikte Reglementierung nicht mehr zu lenken war. Zwar blieb die »Jugend von Jugend geführt«, aber diese Jugend war verstaatlicht worden. Es gab nur noch ein Ziel, dem alle Aktivitäten untergeordnet wurden: Die Erziehung zum unbedingten Gehorsam gegenüber »Führer, Volk und Vaterland«. Das »Führerprinzip«, also die absolute Autorität und Befehlsgewalt des Älteren über den Jüngeren, wurde in der HJ durch ein ausgeklügeltes Führersystem gewährleistet. Auf diese Weise wurde den Jugendlichen von Anfang an der Gehorsam gegenüber Hitler eingeimpft.[5]

Ein Katalog von Vorschriften und Dienstanweisungen machte die Heimabende immer reglementierter, aber auch immer langweiliger. Für Kreativität, für eigenverantwortliches Handeln blieb kein Platz mehr. Jeder Versuch, aus der vorgegebenen Ordnung auszubrechen, wurde unnachgiebig bestraft. Eine große Idee könne nur mit einer »festgefügten und straff, mit konsequenter Härte durchgeführten Organisationsform«[6] zum Ziel gebracht werden, so lautete ein Hitler-Wort, das in der HJ in die Praxis umgesetzt wurde.

Hatte die HJ eigenen Angaben zufolge Ende 1932 nur wenig mehr als 100 000 Mitglieder, waren es Ende 1934 bereits knapp 3,6 Millionen und Anfang 1939 sogar 8,7 Millionen. Das waren 98 % aller 10- bis 18jährigen Jungen und Mädchen der Bevölkerung. Zumindest formell waren also fast alle Jugendlichen in der Hitlerjugend. Folgerichtig traten politische oder gar pädagogische Inhalte der HJ-Veranstaltungen zunehmend hinter organisatorischen Problemen zurück. Der Versuch, die Jugend ideologisch zu schulen, wurde zwar nicht aufgegeben, er verkam aber im Laufe der Zeit zum Nachbeten von politischen Parolen. Die Größe der HJ bedingte auch ihre starre Struktur[7]. Alles war reglementiert, für alles gab es Anordnungen und Vorschriften. Die Teilnahme an HJ-Aktivitäten wurde zum zwangsweise verordneten »Dienst«. Der Führungsaufbau der HJ war streng hierarchisch, eine Verantwortung gab es nur nach oben. Die Gruppenführer wurden nicht von den Gruppenmitgliedern gewählt oder bestimmt, sondern von oben eingesetzt und, falls notwendig, auch wieder abgesetzt.

Insgesamt waren mehrere 100 000 Jungen und Mädchen mit Führungsaufgaben in der HJ betraut. Von der Stellung eines Bannführers aufwärts arbeiteten hauptamtliche Jugendfunktionäre, die ebenso besoldet wurden wie die Stellenleiter der Gebietsführungen (Personalabteilung, Kulturabteilung, Abteilung für Weltanschauliche Schulung, Presse- und Propagandastelle usw.). Hauptamtliche Kräfte waren auch in den HJ-Schulen, den Sportschulen, den Wehrertüchtigungslagern und den Lagern der Kinderlandverschickung tätig.

Neben dem Jugendsport und der ideologischen Schulung[8] war der »Reichsberufswettkampf« einer der wichtigsten Bereiche der HJ-Arbeit. Die Teilnahme war zwar nicht gesetzlich vorgeschrieben, wurde jedoch faktisch »erwartet«. Ab 1935 trat noch der »Reichssportwettkampf« hinzu. Im ersten Jahr nahmen 3,5 Millionen Jugendliche teil. Mit dem »Gesetz über die Hitlerjugend« vom 1. Dezember 1936 war die nahezu vollständige Erfassung der deutschen Jugend erreicht. Nun lag die »körperliche, geistige und sittliche« Erziehung der Jugend Deutschlands in Händen der HJ. Neben Schule und Elternhaus war sie der dritte staatlich geschützte Erziehungsfaktor in Deutschland:

Von der Jugend hängt die Zukunft des deutschen Volkes ab. Die gesamte deutsche Jugend muß deshalb auf ihre zukünftigen Pflichten vorbereitet werden.

Die Reichsregierung hat deshalb das folgende Gesetz beschlossen:

1. Die gesamte deutsche Jugend ist in der Hitler-Jugend zusammengefaßt.
2. Die gesamte deutsche Jugend ist außer in Elternhaus und Schule in der Hitler-Jugend körperlich, geistig und sittlich im Geiste des Nationalsozialismus zum Dienst am Volk und zur Volksgemeinschaft zu erziehen.
3. Die Aufgabe der Erziehung der gesamten deutschen Jugend in der Hitler-Jugend wird dem Reichsjugendführer der NSDAP übertragen. Er ist damit »Jugendführer des Deutschen Reiches«. Er hat die Stellung einer obersten Reichsbehörde mit dem Sitz in Berlin und ist dem Führer und Reichskanzler unmittelbar unterstellt.[9]

Welche »zukünftigen Pflichten« gemeint waren, stellte sich kaum drei Jahre später heraus, als mit dem Angriff auf Polen der Zweite Weltkrieg begann. Ab 1939 nämlich wurden die Jugendlichen entweder an den verschiedenen Kriegsfronten oder an der sog. »Heimatfront« regelrecht verheizt. Von den angeblich jugendgemäßen, paramilitärischen Geländespielen[10] führte der Weg in Luftschutzkeller, an die Flugabwehrgeschütze oder in Schützengräben. Dort trug die »Erziehung zum Soldaten« ihre Früchte[11]. In den Jahren davor wurde die militärische Ausbildung unter Ausnutzung von jugendlichem Abenteuerdrang und Idealismus immer weiter in den Vordergrund geschoben:

> **»Der männliche Deutsche wird mit seiner Geburt Soldat und hört es erst auf zu sein, wenn er zur ›großen Armee‹ abberufen wird.«[12]**

Je näher der Krieg kam, desto stärker wandelte sich die HJ zu einer quasi-militärischen Ausbildungsstätte. Um die »kraftvollste, gesündeste und härteste Jugend« heranzuzüchten, waren ein »paar Ausfälle« leider unumgänglich[13] – und tatsächlich: Bis zum 1. August 1939 kostete der HJ-Dienst 649 Jungen das Leben[14].

Aber sosehr sich die Reichsjugendführung auch bemühte, es gelang ihr nicht, alle Jungen und Mädchen, die eingeschriebene HJ-Mitglieder waren, Woche für Woche zu aktivieren. Viele standen, obwohl sie in der HJ waren, außerhalb der Staatsjugend. Sie wollten ihren alten Freundeskreis aufrechterhalten und gerieten so in eine manchmal ungewollte Opposition zur HJ. »Gegnerische Jugendgruppen« wurden die unabhängigen Verbindungen alsbald genannt. In den Augen der Reichsjugendführung galt es, sie entweder auszuschalten oder in die eigenen Reihen zu integrieren. Zahlreiche interne Rundschreiben und Dienstanweisungen deuten darauf hin, daß es während des gesamten »Dritten Reichs« oppositionelle Jugendliche gegeben hat, die nicht oder nur schwer integrierbar waren. Dementsprechend wurden immer mehr Gesetze und Vorschriften erlassen, die den Bewegungsspielraum von Jugendlichen außerhalb der HJ einengten.

Bis Ende März 1933 sind sämtliche kommunistische Jugendorganisationen verboten und aufgelöst, wenige Tage später ereilt die sozialistischen oder sozialdemokratischen Jugendverbände dasselbe Schicksal. Am 22. Juni 1933 wird der »Deutsche Jugendführerrat« ins Leben gerufen, der die Autonomie der anderen Jugendverbände aufhebt. Kurz vor Weihnachten 1933 wird das »Evangelische Jugendwerk« mit rund 700 000 Mitgliedern in die HJ »überführt«. Im Mai 1934 verbietet die Geheime Staatspolizei die »Reichsschaft deutscher Pfadfinder«, am 23. Juli 1935 beschneidet der »Reichsführer der SS und Chef der deutschen Polizei« die konfessionelle Jugendarbeit, vor allem der katholischen Verbände, weitgehend. Am 17. April 1936 werden sämtliche Gruppen der Bündischen Jugend verboten. Ab 1937 ist die Doppelmitgliedschaft in einer katholischen Jugendgruppe und der HJ nicht mehr erlaubt.

Am 25. März 1939, also noch vor Beginn des Zweiten Weltkriegs, wird die sogenannte »Jugenddienstpflicht« eingeführt. Von nun an ist jeder Jugendliche per Gesetz verpflichtet, in der HJ Dienst zu tun. Neu an dieser Verordnung ist die Möglichkeit, Zwangsmaßnahmen bei jenen anzuwenden, die nicht »freiwillig« bei den HJ-Veranstaltungen erscheinen:

Zweite Durchführungsverordnung zum Gesetz über die Hitler-Jugend vom 25. März 1939

§ 1

1. Der Dienst in der Hitler-Jugend ist Ehrendienst am Deutschen Volke.
2. Alle Jugendlichen vom 10. bis zum vollendeten 18. Lebensjahr sind verpflichtet, in der Hitler-Jugend Dienst zu tun...

§ 2 **Erziehungsgewalt**

Alle Jungen und Mädchen der Hitler-Jugend unterstehen einer öffentlich-rechtlichen Erziehungsgewalt nach Maßgabe der Bestimmungen, die der Führer und Reichskanzler erläßt...

§ 7 **Blutsmäßige Anforderungen**

Juden sind von der Zugehörigkeit zur Hitler-Jugend ausgeschlossen...

§ 9 **Anmeldung und Aufnahme**

1. Alle Jugendlichen sind bis zum 15. März des Kalenderjahres, in dem sie das 10. Lebensjahr vollenden, bei der Hitler-Jugend anzumelden...
2. Zur Anmeldung ist der gesetzliche Vertreter des Jugendlichen verpflichtet...

§ 12 Strafbestimmungen

1. Ein gesetzlicher Vertreter wird mit Geldstrafe bis zu 150 Reichsmark oder mit Haft bestraft, wenn er den Bestimmungen des § 9 dieser Verordnung vorsätzlich zuwiderhandelt.
2. Mit Gefängnis und Geldstrafe oder mit einer dieser Strafen wird bestraft, wer böswillig einen Jugendlichen vom Dienst in der Hitler-Jugend abhält oder abzuhalten versucht...
4. Jugendliche können durch die zuständige Ortspolizeibehörde angehalten werden, den Pflichten nachzukommen, die ihnen aufgrund dieser Verordnung und den zu ihr ergangenen Ausführungsbestimmungen auferlegt worden sind.

§ 13 Schlußvorschrift

Für die Jugendlichen der Jahrgänge 1921 bis 1929, die bisher der Hitler-Jugend noch nicht angehörten, bestimmt der Jugendführer des Deutschen Reiches den Zeitpunkt der Anmeldung und Einberufung zur Hitler-Jugend.

Nun war es endgültig vorbei mit der angeblichen Freiwilligkeit in der HJ. Die Jungen und Mädchen wurden »einberufen« und hatten Dienst zu tun. Jeder, der sich davor zu drücken versuchte, galt fortan als »Volksschädling«. Ihm drohte Verfolgung und Bestrafung, seine berufliche Weiterbildung war gefährdet, und nicht selten landeten diese Jugendlichen in Erziehungs- oder Arbeitslagern.

Mit Kriegsbeginn veränderte sich der Dienst in der HJ. Jetzt waren körperliche Ertüchtigung, quasi-militärische Übungen, Märsche und Lager sowie die sogenannte »Wehrertüchtigung« die wichtigste Beschäftigung. Die Jungen und Mädchen wurden den »Erfordernissen des Krieges« gemäß zu zahllosen Hilfsdiensten eingesetzt und ständigen Aktivitäten unterworfen. Täglich waren Jungen und Mädchen mit Kurier- oder Propaganda-Aufgaben für die NSDAP unterwegs; für Staat und Kommunen wurden sie als Meldegänger, bei der Feuerwehr oder beim Luftschutz tätig; sie halfen beim Technischen Notdienst, leisteten Unterstützung bei Post und Bahn, wurden in der Wehrmacht zu Telefon- oder anderen Hilfsdiensten gebraucht; sie wurden in Wirtschaftsbetrieben als Aushilfen oder in Arbeitskommandos beschäftigt, mußten ständig Sammlungen (Altkleider, Altmetall, Papier usw.) durchführen, waren im Land- und Ernteeinsatz und wurden schließlich als Flak-Helfer unmittelbar in das Kriegsgeschehen einbezogen.

Hand in Hand damit ging die Erziehung zum »Kämpferischen«. Es gab ein ausgeklügeltes System verschiedener Wettkämpfe und entsprechender Leistungsabzeichen; das Schlagwort lautete: Auslese der Tüchtigsten. Über diesen Weg sollten die Jugendlichen auch zur NS-Rassenlehre geführt werden. Ein bekannter HJ-Theoretiker umschrieb diesen Gedanken so:

> **»Die Rassenlehre ist Ausgangspunkt des nationalsozialistischen Erziehungsprogramms... Das Streben jedes Jungen muß dahin gehen, bei Sport und Spiel körperlich stärker und vollkommener zu werden. Sein Ehrgeiz soll darauf gerichtet sein, seine gleichaltrigen Kameraden an Gewandtheit und Stärke zu überflügeln. Das Messen der Kräfte bedingt den Kampf, der allein zu einer rassischen Auslese der Besten führt... Seine gesamte Erziehung und Ausbildung muß darauf angelegt sein, ihm die Überzeugung zu geben, anderen unbedingt überlegen zu sein. Er muß in seiner körperlichen Kraft und Gewandtheit den Glauben an die Unbesiegbarkeit seines ganzen Volkstums wiedergewinnen.«**[15]

Obwohl die Weigerung, am HJ-Dienst teilzunehmen, bestraft wurde, wuchs die Zahl derer, die sich fernhielten. Viele hatten einfach keine Lust, andere hatten Schwierigkeiten in der HJ bekommen, weil sie sich nicht ohne weiteres unterordnen wollten. Manchen wurde der Zutritt zur HJ verweigert, weil sie jüdischer Abstammung waren. Überall bildeten sich jedenfalls Jugendgruppen; manche entstanden ganz neu, andere beriefen sich auf die deutsche Jugendbewegung der 20er und frühen 30er Jahre. Der NS-Staatsführung bereiteten diese »Jugendbanden und -cliquen« erhebliches Kopfzerbrechen. Während die einen meinten, es handele sich lediglich um eine kriegsbedingte »Verwahrlosungserscheinung«, sahen andere in den Jugendlichen »Staatsfeinde« und »Volksverräter«. Mit der »Polizeiverordnung zum Schutz der Jugend« vom 9. März 1940 versuchte der NS-Staat, die gewünschte Ruhe und Ordnung wiederherzustellen. Von diesem Tage an war es für Jugendliche verboten, sich nach Einbruch der Dunkelheit auf Straßen und Plätzen »herumzutreiben«, oder in Gaststätten und nach 21.00 Uhr ins Kino zu gehen. Sie durften in der Öffentlichkeit nicht rauchen, Tanzveranstaltungen waren für sie ebenfalls verboten. Im Falle eines Verstoßes konnten die Erziehungsberechtigten mit Geldbußen oder Haft bestraft werden, den Jugendlichen wurde ebenfalls eine »Haft von bis zu drei Wochen« angedroht[16]. Aber nicht einmal mit einer derart massiven Einschränkung des Freiraums gelang es, der Jugendlichen Herr zu werden. Im Gegenteil, Verordnungen und Erlasse schienen den Widerstandswillen der jungen Leute noch zu stärken, obwohl die Sanktionen immer drastischer wurden.

Nach dem 25. September 1940 können Jugendliche als »Dienststrafe der HJ« in ein Konzentrationslager gebracht werden. Ein Jahr später wird die »Verurteilung auf unbestimmte Dauer« eingeführt, zur selben Zeit werden die ersten polizeilichen »Jugendschutzlager« eingerichtet. Am 27. Januar 1943 wird durch die Geheime Staatspolizei das Wandern außerhalb der HJ generell verboten. Am 25. Oktober 1944 schließlich wird durch den »Reichsführer der SS« ein Katalog von Maßnahmen zur »Bekämpfung jugendlicher Cliquen« bekanntgemacht. Nun sind die Jugendlichen endgültig zu »Staatsfeinden« geworden. Im Falle der Ergreifung droht ihnen ein kurzer Prozeß:

II. Maßnahmen der Überwachung und Bekämpfung

1. Bei den Cliquenbildungen Jugendlicher handelt es sich um Erscheinungsformen der Jugendgefährdung und Jugendkriminalität; ihre Überwachung und Bekämpfung auf polizeilichem Gebiet obliegt daher zentral verantwortlich dem Reichskriminalpolizeiamt und örtlich in erster Linie der Kriminalpolizei. Soweit es sich jedoch um Cliquen mit ausgesprochen oder vorwiegend politischen oder staatsfeindlichen Bestrebungen handelt, ist die Geheime Staatspolizei zuständig...

6a. Das deutsche Strafrecht enthält keine Bestimmungen, die die Cliquenbildung Jugendlicher an sich unter Strafe stellte. Jedoch können folgende Rechtsnormen... eine Strafbarkeit begründen:
§ 82 Verabredung hochverräterischer Unternehmen
§ 83 Aufforderung zum Hochverrat und Bildung von organisatorischen Zusammenschlüssen zur Vorbereitung des Hochverrats
§ 115 in Verbindung mit § 113 u. § 114 Öffentliche Zusammenrottungen in Verbindung mit Nötigung oder Widerstand gegen Beamte
§ 116 Auflauf
§ 125 Landfriedensbruch
§ 127 Bildung bewaffneter Banden
§ 128 Geheimbündelei
§ 129 Teilnahme an staatsfeindlichen Verbindungen

§ 227 Raufhandel
§ 243 Bandendiebstahl
§ 250 Schwerer bandenmäßig begangener Raub...

Damit war klar: Die Staatsmacht trat mit allen ihr zur Verfügung stehenden Mitteln gegen die mißliebigen Jugendlichen an. Für die Jugendlichen bedeutete eine Festnahme, daß sie nach dem Erwachsenen-Strafrecht verurteilt werden konnten. Für viele von ihnen war aus der Freundesgruppe eine Widerstandsorganisation geworden – oft genug, ohne daß sie es wollten.

Schon zu Beginn des »Dritten Reiches« gab es eine Reihe von Jugendorganisationen, die gegen den totalitären Machtanspruch der HJ und des NS-Staates opponierten. Meist stammten sie aus dem Bereich der politischen Parteien und der Gewerkschaften[17] und der beiden Kirchen[18]. Daneben gab es auch einige Gruppen der Bündischen Jugend, die sich lange und erfolgreich gegen die HJ zur Wehr setzen konnten[19]. Sie standen in der Tradition der deutschen Jugendbewegung, die bis 1933 relativ großen Einfluß auf die deutsche Jugend hatte.

Die Reichsjugendführung, in deren Reihen übrigens auch ehemalige Bündische saßen, war von Anfang an darauf aus, die Bündische Jugend zu »zerschlagen«. Dazu wurden Sondergesetze erlassen, der HJ-Streifendienst auf bündische Gruppen angesetzt und, wenn nichts mehr half, auch Polizei und Gestapo eingeschaltet. Gleich nach 1933 war im gesamten Deutschen Reich zu beobachten, daß ehemalige Führer der Bündischen Jugend ins Deutsche Jungvolk übertraten, um dort so weiterzumachen, als sei nichts geschehen. Sie besetzten Führerstellen oder kamen mit ihren Gruppen geschlossen ins Jungvolk. Es gibt zahlreiche Belege dafür, daß es diesen Jungen in den ersten Monaten des »Dritten Reichs« gelungen ist, weite Teile des Jungvolks zu prägen[20]. Das blieb natürlich nicht unbemerkt. Bald setzte eine Säuberungswelle ein, und bis etwa 1935 war die Führerschicht des Jungvolks ausgewechselt. Viele der Bündischen, die innerhalb des Jungvolks tätig waren, fühlten sich der »nationalen Revolution« durchaus verbunden. Sie waren keine prinzipiellen Gegner des Nationalsozialismus, sondern kritisierten eher seine Massenorganisation, die Intoleranz gegenüber Andersdenkenden und seinen absoluten Führungsanspruch in allen Bereichen des Lebens. In der Reichsjugendführung galten die Bündischen als

Konkurrenz aus den eigenen Reihen. Überall wurden Unterwanderung und Zersetzung der HJ befürchtet, selbst dort, wo es den Bündischen nur darum ging, ihren eigenen Freundeskreis aufrechtzuerhalten.

Die HJ hatte von der Bündischen Jugend vieles übernommen: etwa Fahrtenleben und Heimabendgestaltung. Anfänglich stimmten sogar die Organisationsformen und einzelne Kleidungsstücke überein. Je deutlicher sich aber die tatsächlichen Ziele der HJ-Erziehung herauskristallisierten, desto klarer zeigten sich auch die Gegensätze zwischen bündischen Vorstellungen und denen der HJ. Schlagworte wie »Führer und Gefolgschaft«, »Volk und Reich«, »Nation und Sozialismus«, »Volksgemeinschaft«, »Blut und Boden« hatten auch in der Bündischen Jugend einen guten Klang. Die dort gemeinten Inhalte aber waren mit der nationalsozialistischen Ideologie nicht vereinbar[21].

Von besonderer Bedeutung für die Bündische Jugend war der 1907 in Stuttgart geborene Eberhard Koebel[22]. Am 1. November 1929 gründete er die »deutsche jungenschaft vom 1. 11«, kurz dj. 1. 11 genannt. Koebel organisierte viele exotische Großfahrten, u. a. nach Lappland und Rußland. Bei einer dieser Fahrten nahm er die Bezeichnung »tusk« – der Deutsche – an, unter der er fortan bekannt wurde. Er revolutionierte die in seinen Augen spießig und bürgerlich gewordene Jugendbewegung. Koebel-tusk dichtete Lieder, schrieb Geschichten für seine Gruppen, führte die Kleinschrift ein und zog viele Jugendliche in seinen Bann[23]. Der neue Stil der dj. 1. 11 ging wie ein Steppenbrand durch die übrigen Bünde – kaum eine Gruppe war nicht geprägt von den Vorstellungen der Jungenschaft. Koebel war ein Mann mit starkem Charisma und ungewöhnlichen Fähigkeiten. Beides brachte ihm eine zwar umstrittene, jedenfalls aber herausgehobene Position innerhalb der Bündischen Jugend ein.

Da beschäftigten sich auf einmal Jugendliche mit fernöstlicher Literatur und Philosophie, mit Architektur und moderner Kunst, diskutierten über russische Schriftsteller, sangen Kosaken- und Steppenlieder, erlernten das Spiel von Banjo und Balalaika. Das Leben der dj. 1. 11-Gruppen war stark geprägt von skandinavischer und russischer Folklore, später kam das Heldenideal der todesverachtenden japanischen Samurai-Krieger hinzu. Äußeres Erkennungszeichen war die in Rot-Grau gehaltene Bundesfahne mit dem Symbol des Wanderfalken über drei Wellen. Auf den

Fahrten wurde die dem Nomadenzelt nachempfundene Kohte benutzt. Sie bestand aus vier schwarzen Zeltbahnen, die, eingehängt in zwei gegeneinander gebundene Baumstämme, an den Rändern zusammengeknüpft wurden. Nach oben war die Kohte offen, so daß im Zelt ein kleines Feuer entzündet werden konnte.

Anfang der 30cr Jahre geriet Eberhard Koebel zunehmend in tagespolitische Auseinandersetzungen. 1931 gründete er die erste von insgesamt 10 »Rot-grauen Garnisonen«. In diesen Wohngemeinschaften lebten Jungen unterschiedlicher sozialer Herkunft zusammen. Koebel, der 1932 der KPD beitrat, gründete außerdem sogenannte »Kultur-Klubs«, die sich der Erziehung zu »Revolution und Sozialismus« widmen sollten. Damit verließ er den bis dahin eher unpolitischen Weg der Bündischen Jugend; er geriet schnell ins Kreuzfeuer der Kritik. Einerseits war er KPD-Mitglied, andererseits suchte er für kurze Zeit engen Kontakt zur Reichsjugendführung.

So widersprüchlich es auch klingen mag, Koebel schien zumindest in den ersten Monaten des NS-Staates davon überzeugt gewesen zu sein, innerhalb des Jungvolks seine Vorstellungen einer »Volksjugend« verwirklichen zu können. Mit dieser Fehleinschätzung stand er in jenen Tagen nicht allein, trotzdem war seine Parole »Hinein ins Jungvolk« für viele der dj. 1. 11-Anhänger ein folgenschwerer Schritt. Die Aufdeckung bündischer Freundeskreise innerhalb des Jungvolks konnte erhebliche Konsequenzen nach sich ziehen. Dem Rausschmiß folgten mitunter ein Prozeß, Behinderungen in der Schule oder am Arbeitsplatz.

Koebel wurde als »Drahtzieher« bündisch-oppositioneller Gruppen im Januar 1934 verhaftet, einen Monat später aber mit der Auflage, sich künftig politisch nicht mehr zu betätigen, wieder entlassen. Er emigrierte nach England, von wo aus er bis 1945 in Verbindung zu oppositionellen Jugendkreisen stand. In zahlreichen Denkschriften der Reichsjugendführung und anderer Verfolgungsbehörden des NS-Staates wird Koebel als der eigentliche Kopf der bündischen Jugendopposition dargestellt. Das war zweifellos übertrieben, seine Ideen aber lebten in zahlreichen bündischen Gruppen weiter.

Mit Beginn des Zweiten Weltkriegs im September 1939, teilweise auch schon früher, traten in vielen Städten des deutschen Reiches neue oppositionelle Jugendgruppen in Erscheinung. Sie nannten sich Navajos, Meuten, Blasen, Mobs und Edelweißpiraten[24]. Gegen sie und andere Jugendliche, die auch im Verdacht standen, einer solchen Gruppe anzugehören, wurde mit HJ-Streifendienst, Polizei und Gestapo vorgegangen. Treffpunkte wurden mit Rollkommandos »kontrolliert«, gegen sogenannte Rädelsführer drastische Haftstrafen verhängt. Die Überwachung bündischer Gruppen, abwertend als »Jugendcliquen und -banden« bezeichnet, wurde zu einer staatspolitisch notwendigen Aufgabe. In einer Dienstanweisung für den HJ-Streifendienst vom Juni 1938 heißt es u. a.:

---

1. Die bündische Jugend ist in allen ihren Erscheinungsformen reichsgesetzlich verboten. Bündische Betätigung ist staatsfeindliche Betätigung...
2. Voraussetzung für die Bekämpfung der bündischen Jugend ist, daß man sie erkennt. Nachfolgend sind einige charakteristische Merkmale aufgezählt:
   a. die Haltung ist lässig, unordentlich, unsauber;
   b. Haare und Kleidung sind ungepflegt;
   c. die Kopfbedeckung besteht häufig aus zerschnittenen Hüten und merkwürdigen Käppchen aller Art, geschmückt mit einer Unzahl von Abzeichen, Plaketten, Federn usw.;
   d. als Schuhe tragen sie Bundschuhe oder Schaftstiefel mit sehr kurzer Hose, die oft mit Troddeln versehen ist;
   e. an sonstiger Bekleidung sind karierte Hemden und bunte Halstücher hervorzuheben...
4. Bündische Betätigung wird meist bei Fahrtkontrollen festgestellt werden. Ergibt sich bei solchen Kontrollen nach dem Auftreten der Gruppe, der Art der Ausweise oder aus anderen Gründen der Verdacht der bündischen Betätigung, so ist die Polizei nach den allgemeinen Richtlinien für Verstöße gegen staatliche Gesetze und Verordnungen zu verständigen.

Das Hauptproblem bei der Bekämpfung illegaler Jugendgruppen bestand für die Verfolgungsbehörden darin, daß es keine Gesetze gab, deretwegen man die Ertappten vor Gericht stellen konnte. Trotz vielfacher Verschärfung und Erweiterungen gelang es nicht immer, einer bündischen Gruppe einen Verstoß gegen bestimmte Gesetze nachzuweisen. Da das deutsche Strafrecht keine Bestimmung enthielt, die die Gruppenbildung von Jugendlichen an sich unter Strafe stellte, suchte die NS-Justiz nach anderen Möglichkeiten. Dazu gehörte vor allem die Einweisung in sogenannte

»Arbeits- oder Umerziehungslager«, die im Grunde nichts anderes als Konzentrationslager für Jugendliche waren.

Ein wirksames und vor allem juristisch abgesichertes Mittel, illegale Jugendgruppen mit drastischen Strafen zu belegen, war die Anwendung des § 175. Da sich fast nur Jungen in bündischen Gruppen zusammenfanden, lag für die NS-Behörden der Verdacht »gleichgeschlechtlicher Betätigung« auf der Hand. Besonders nach Kriegsbeginn wurde der § 175 eingesetzt. Jede »gleichgeschlechtliche Handlung« wurde als »krankhaft im Sinne der Volksgemeinschaft« angesehen, bei den betroffenen Personen sollten die »scharfen Auslesegesetze bzw. Ausmerzegesetze« angewendet werden. Mit der Definition von männlichen Freundschaften als »Umkehrung des natürlichen Empfindens« besaß man endlich eine Grundlage, auf der jene Jugendlichen als »moralisch verkommene Subjekte« vor der Öffentlichkeit diffamiert werden konnten. Dabei spielte es kaum eine Rolle, ob der Vorwurf berechtigt war oder nicht. Bei zahlreichen Prozessen wurde der § 175 nur angewendet, um den Jugendlichen überhaupt verurteilen zu können. Selbst ein ständig erweiterter Maßnahmenkatalog zur »Bekämpfung von jugendlichen Cliquen« war zur Aburteilung nicht so geeignet wie der § 175. In einer Anfang 1941 von der Reichsjugendführung verfaßten Denkschrift heißt es:

> **»Bei der Bekämpfung der Bündischen Jugend aus politischen Gründen gelang mangels anderer gesetzlicher Grundlagen die Zerschlagung der Bünde fast immer auf dem Wege über ein Strafverfahren wegen Vergehens nach § 175 StGB.«**[25]

Herbert Westenburger gehörte in Frankfurt zu den Gründern des »Bündischen Selbstschutzes«. Aus dem Nerother Wandervogel hatte sich 1934 eine illegale Gruppe kristallisiert, die sich eng an die Vorstellungen Eberhard Koebels anlehnte. Nachdem der Versuch gescheitert war, im Jungvolk Fuß zu fassen, gründeten die Jungen den »Selbstschutz«. Er hatte den Zweck, ihre bald verbotenen Fahrten zu ermöglichen. Ein Netz von Anlaufstellen, wo die Jungen Unterkunft und Hilfe erhalten konnten, wurde eingerichtet. Schon nach relativ kurzer Zeit hatten sie Verbindungen zu Freunden in Offenbach, Berlin, Bremen, Mönchengladbach, Dresden, Freiburg, Halle, Halberstadt, Düsseldorf und Nürnberg.

Die meisten Mitglieder waren zwischen 16 und 24 Jahren. In einer Frankfurter Wohnung hatten sie ihre »Garnison« – dort trafen sie sich regelmäßig. Diese Gruppe, zu der nie mehr als 50 Jungen gehörten, ist ein typisches Beispiel für das Weiterleben bündischer Ideale. Die Mitglieder kamen ganz zwangsläufig in Konflikt mit dem NS-Staat, der aus ihnen »Staatsfeinde« machte.

Nicht zuletzt durch Janek, einen deutsch-polnischen Freund, lernten sie russische Volkslieder, Chorgesang und entwickelten eine Vorliebe für russische Traditionen und Gebräuche. Sie benutzten die inzwischen legendär gewordenen Liederbücher, die Eberhard Koebel für die dj. 1. 11 geschrieben hatte: »Lieder der Eisbrechermannschaft« und »Soldatenchöre der Eisbrechermannschaft«. Damit setzten sie sich selbst in krassen Gegensatz zu den deutschtümelnden Marschliedern der HJ. Die Auftritte der antikommunistischen Don-Kosaken, die in jenen Jahren häufig in Deutschland gastierten, wurden für sie und andere Gruppen zu regelrechten Treffpunkten. Anfang Januar 1938 berichtete die Gestapoleitstelle Köln über die Konzerte der Don-Kosaken:

> **»Es ist beobachtet worden, daß Konzertveranstaltungen des Donkosaken-Chors und anderer russischer Emigrantenchöre vorwiegend von Angehörigen der verbotenen Bündischen Jugend besucht werden... Ich ersuche, alle Veranstaltungen derartiger russischer Emigrantenchöre... zu überwachen und alle Personen, die sich durch Abzeichen oder sonstiges Gebaren als Angehörige der verbotenen Bündischen Jugend kennzeichnen, unauffällig festzustellen und erforderlichenfalls dem Gericht zu übergeben.«[26]**

Ende 1938 flog eine Gruppe des »Bündischen Selbstschutzes« in Mönchengladbach auf, später folgten die Gruppen in Frankfurt, Halle, Freiburg und Dresden. Insgesamt wurden neun Jungen festgenommen und vor einem Sondergericht angeklagt. Einer von ihnen wurde zu sechs Monaten Haft verurteilt. In der Urteilsbegründung kam das NSDAP-Kreisgericht zu der Überzeugung, daß die Mitglieder des »Bündischen Selbstschutzes« mehr als nur die »Pflege des Wanderns in freier Natur« wollten. Vielmehr, so heißt es weiter, handelte es sich um »aufrührerische Menschen, die der nationalsozialistischen Staatsführung innerlich feindlich gegenüberstehen«. Das Sondergericht Naumburg ging in der Einschätzung des »Bündischen Selbstschutzes« im Januar 1939 noch ein Stück weiter:

»Durch den Zusammenschluß Gleichgesinnter in Geheimorganisationen besteht die große Gefahr, daß diese zum Sammelbekken staatsfeindlicher Elemente werden, die sich dadurch nach außen tarnen wollen. Darüber hinaus ist die Einstellung der gesamten bündischen Jugend grundsätzlich gegen jede staatliche Ordnung gerichtet, kann also geradezu als anarchistisch angesehen werden.«[27]

Platoff preisen wir den Helden

von Herbert Westenburger

Kosaken waren freie Männer, wählten ihren Hetman und Ataman aus ihrer Mitte und waren niemandem Rechenschaft schuldig. Sie galten als gute Sänger und Reiter – seit Jahren schon geisterten sie durch unsere Jungenträume.
Wir kannten natürlich die weißrussischen Kosakenchöre, die damals in den Großstädten auftraten. Kaum eine bündische Gruppe ließ sich ein solches Ereignis entgehen. Auch meine Freunde und ich waren begeisterte Zuhörer. Und wenn aus nahezu 200 Kehlen der stürmische Ruf »Platoff, Platoff« erscholl, konnte sich kein Chor dieser Aufforderung entziehen und sang uns das Lied des Ataman Platoff*. Wir sangen mit.
Gelesen haben wir damals viel, auch antibolschewistische Literatur wie den »Zarenadler« von Krassow oder Edwin Erich Dwingers »Zwischen Weiß und Rot«. Wir vertieften uns aber auch in die Bücher von Nikolaj Gogol, Lew Tolstoi, Fjodor Dostojewski oder Grigol Robakidse und schmökerten in russischen Märchen. Zu diesen Schriftstellern hatte Berts Onkel Ludwig, von uns respektlos »Lulu« genannt, eine besondere Beziehung. Er war nämlich im Ersten Weltkrieg in russische Kriegsgefangenschaft geraten und in Sibirien interniert worden. Bei Ausbruch der russischen Revolution befreiten ihn Rotgardisten. Auf dem Heimweg, einige Wochen später, wurde er zum zweiten Mal, diesmal von der weißrussischen Armee, festgesetzt und hinter den Ural verschleppt.
Wieder entlassen, ritt er mit den Kosaken – stets auf der Flucht vor plündernden Truppen – bis in die Mongolei. Dort versuchte der baltische Baron von Ungern-Sternberg, der landauf, landab nur der »blutige Baron« genannt wurde, unabhängig von Zar und Lenin ein eigenes Reich zu gründen. Lange Monate wurde Onkel Lulu dort festgehalten. Irgendwie aber gelang ihm eine abenteuerliche Flucht nach China, wo er sich schließlich nach Europa einschiffen konnte. 1920 war er wieder zu Hause.

* Der Donkosaken-Ataman Metwej Platoff, 1751–1818, zog in den Freiheitskriegen gegen Napoleon mit seinen Kosaken bis Paris.

Und wenn er, was gelegentlich vorkam, in unseren Heimabend hineinplatzte, und uns »Na, wie geht's, ihr Kosaken« begrüßte, waren wir besonders stolz.
Dann gab es noch Tante Gustel, eine gelernte Schneiderin. Sie nähte aus ihren leinenen Unterröcken unsere Russenblusen, die Rubaschka. Einen Muff und das Innenfutter eines Wintermantels verwandelte sie in warme Pelzmützen, die Papacha.
Unsere Heimabende verbrachten wir bei Oma Müller. Bert wuchs bei ihr auf, seine Mutter war schon gestorben. Onkel Lulu, sein Vater und eben Oma Müller sorgten für ihn und eigentlich auch für uns. Manchmal spendierte Oma Müller einen kleinen Zuschuß für unsere Fahrtenkasse, kochte unermüdlich Tee für uns und schmierte Berge von belegten Broten. Wir hatten die Wände des kleinen Zimmers mit Teppichen und Musikinstrumenten dekoriert. Unzählige Bücher füllten die Regale. Auf dem niedrigen Tisch standen der Samowar, eine Teekanne und Trinkschalen. In der alten Holztruhe hatten wir unsere Fahrtenklamotten verstaut: Decken, Kohtenbahnen, Jungenschaftsblusen, Kochtöpfe und Kochgeschirr. Hier waren wir zu Hause, hier waren wir unter uns. Durchreisende Freunde fanden hier Aufnahme. Es war die »Rotgraue Garnison« der Frankfurter Jungenschaft, benannt nach den Bundesfarben der alten dj. 1.11. »Garnisonen« gab es auch in anderen Städten – vor dem Verbot und der Auflösung. Was wir taten, war per Gesetz verboten. Jeder Junge über 10 Jahren hatte im »Deutschen Jungvolk« zu sein. Alles andere war illegal.
Die Voraussetzungen für unsere illegalen Heimabende, an denen laut musiziert und gesungen wurde, hatten sich zusehends verschlechtert. Zumal Berts Bude, in der wir mittlerweile einmal wöchentlich tagten, im Erdgeschoß lag. Dazu kam, daß eine Wand genau an das Treppenhaus stieß und man von draußen jedes laute Wort verstehen konnte. Leise Töne waren angesagt.
Ich hatte in dieser Hinsicht bereits Erfahrungen. Im August 1935 feierten wir in »Spoys« Bude in Frankfurt-Eschersheim seinen Geburtstag. Klassenkameraden aus dem Nerother-Bund hatten mich dazu eingeladen. Wir waren sieben Mann hoch und allesamt sangesfreudig. Es war ein heißer Tag und wir hatten das Fenster, das zur Straße lag, weit geöffnet.
Plötzlich Getrampel auf der Treppe, lautes Klopfen an der Tür, vier unbekannte Männer stehen vor uns: Gestapo-Beamte in

Innenansicht der »rot-grauen Garnison« (1943)
Photo: H. H. Bauer

Zivil und zwei Uniformierte des HJ-Streifendienstes. Nach Feststellung der Personalien wurde die Feier aufgelöst, Gitarren, Liederbücher und Fahrtenwimpel wurden beschlagnahmt.
Alle Beteiligten bekamen eine Vorladung zur weiteren »Erörterung«, wie es so schön hieß. Da »Spoy« glaubhaft versichern konnte, daß es sich tatsächlich um seine Geburtstagsfeier gehandelt hatte, kamen alle mit einer Verwarnung davon. Wir standen aber zumindest in einer Kartei, und die beschlagnahmten Sachen hat auch keiner von uns wiedergesehen. So einfach war das.
Später erfuhren wir, daß einer der HJler im gegenüberliegenden Haus wohnte. Er hatte unser Singen gehört und Verstärkung geholt.

Inzwischen schrieben wir das Jahr 1937. Kurz zuvor war das Gesetz über die Hitlerjugend erlassen worden; sie war nun »Staatsjugend«, und unser Bewegungsspielraum wurde mehr und mehr eingeschränkt. Die HJ hatte einen Streifendienst eingerichtet, der uns »überwachte«. Keilereien wurden häufiger, wir mußten getrennt zu unseren Lagerplätzen fahren. Nicht auffallen, war die Devise. Zünftige Kohtenlager konnten wir kaum noch machen, wir suchten Unterschlupf bei einem Bauern, der uns Scheune und Haus als Quartier anbot.
Aber unser Haufen wuchs allmählich auf über ein Dutzend Mitglieder, und so griffen wir freudig zu, als eines Tages die alte Turnerhütte in Wüstems als neues Heim zur Diskussion stand. Hans und Chrischan unterschrieben den Pachtvertrag. Sie waren volljährig und vor allem schon berufstätig. Fünfzig Reichsmark betrug die Jahrespacht, die wir gemeinsam aufbrachten. Der Aus- und Umbau der Hütte würde uns ohnehin eine Menge kosten, und ohne die Unterstützung von wohlwollenden Müttern, Tanten und Onkeln hätten wir ihn wohl kaum bewerkstelligen können.
Wir saßen im großen Saal »Zur Post« in Kronberg, einem wegen des guten, selbstgekelterten Apfelweins und deftigen Essens bekannten Anziehungspunkt für Wanderer und Spaziergänger. Am Wochenende war Tanz. Auf dem Podium im Hintergrund spielte die Dorfkapelle zeitgemäße Tanzmusik: langsame Walzer, Polka und den unvermeidlichen Tango.
Nach und nach waren die Freunde eingetroffen. Seit wir angefangen hatten, unsere Hütte in Wüstems auszubauen, mußten wir

Auf der Fähre nach Oppenheim/Rhein.
v. l. n. r.: Uli (?), Ferdi, Walter, Heinz, Pit (1936)
Photo: B. Pampel

vorsichtig sein bei der An- und Abfahrt. Im Abstand von etwa 10 Minuten zogen wir los, zum Schluß kam noch eine Nachhut. Gleich hinter Königstein, wo sich die Landstraße gabelt und südwärts nach Bad Soden und ostwärts nach Oberursel führt, mußten wir durch einen kleinen Hohlweg, um Kronberg zu erreichen. Hier lag manchmal der HJ-Streifendienst auf der Lauer nach verdächtigen Jugendgruppen.
Heute war alles glattgegangen. Die Kapelle machte gerade eine Pause, und wir nutzten die Gelegenheit, eines unserer Lieder anzustimmen.
»Gebt mir doch mal die Gitarre rüber«, hörte ich plötzlich eine Stimme hinter mir. Ich drehte mich um. Am Nachbartisch erhob sich ein Mann, vielleicht 20 Jahre alt, und lachte. Er blieb vor uns stehen. Er trug einen langen Kleppermantel, rechts an einem breiten Lederkoppel einen Kupfertopf, links baumelte ein Fahrtenmesser herunter; er mochte wohl zwei Meter groß sein.
 »Darf ich?« – wir rückten näher zusammen. Er griff hinter sich,

nahm sein Glas und stellte es auf unseren Tisch. Chrischan reichte ihm die Gitarre; wir merkten sofort, daß hier einer vor uns saß, der spielen konnte – und bei weitem nicht das Übliche, wie sich bald herausstellen sollte.
Wir hatten wohl einige hundert Lieder auf der Pfanne und waren ein eingesungenes Team. Aber was dieser Mann spielte, war ganz anderer Art: russische Originaltexte und dazu ahmte er das Tremolo einer Balalaika auf der Gitarre nach.
»Kennt ihr dies? Oder dies?« Dabei intoniert er ein paar Lieder.
»Die Melodie schon, aber nur mit deutschem Text«, nickte Pit und zog sein selbstgeschriebenes Liederbuch aus der Gesäßtasche.
»Na ja, Kosakenlieder in Deutsch. Ich weiß nicht.« Der Fremde schüttelte nachdenklich den Kopf und erzählte, zu Hause habe er ein Tenorbanjo und eine Altbalalaika.
»Mensch, das wär' doch was. Du kannst mir das Tremolieren beibringen, so mit einem Hornblättchen, meine Fingerkuppen sind nämlich schon fast hin«, rief Bert begeistert. Er hatte sich vor Monaten in der Altstadt bei einem Trödler eine Prim-Balalaika gekauft und war seitdem damit beschäftigt, sich die wichtigsten Griffe selbst beizubringen.
»Warum eigentlich nicht? Wir können es ja mal versuchen. Falls ihr am nächsten Wochenende wieder hier aufkreuzt, machen wir das, einverstanden?« Dann stand er auf und drehte sich zur Tür.
»Meine Frau erwartete mich, wir haben Nachwuchs bekommen. Übrigens, ich bin der Janek.« Er beugte sich noch einmal zu uns herab und flüsterte: »Aber nicht weitersagen.«
Ehe wir uns versahen, war er zwischen den Tischreihen in Richtung Tür verschwunden. Im Lichtschein der Bogenlampe, die mühsam versuchte, den Ausgang zu erhellen, konnte ich gerade noch erkennen, wie er sich die Enden seines langen Mantels um die Beine schlug und zuknöpfte. Das Geräusch eines Motorrads verlor sich in der Ferne.
»Janek? Klingt irgendwie slawisch, oder?«
»Wie dein Nachname«, witzelte Hugo und sah Hans Schablitzki an.
»Soll ich euch ›Noch ist Polen nicht verloren‹ bei der Kapelle bestellen?« schlug Chrischan in die gleiche Kerbe.
»Wollen wir hier Ahnenforschung betreiben, oder was?« fragte ich in die Runde, dabei an meine eigene Verwandtschaft in Prag

und Wien denkend. Bei Rolf und Ferdi war es nicht minder verwickelt. Unwillkürlich schaute ich zu den beiden hinüber, aber sie zuckten nur mit den Schultern. Wie, um die Frage zu beantworten, griff Chrischan in die Saiten:
»Wir kommen aus verfallenen Bereichen, und uns're Spuren schwemmt das Dunkel zu...«
Wir sangen trotzig mit, und Hugo rief laut in den Saal: »Noch einmal eine Runde, Mutter Oberin. Neun Schoppen bitte!«
Er zog vergnügt an seiner Stummelpfeife und blies die Tabakkrümel vom Tisch. Im Hintergrund rief jemand »Damenwahl«, die Kapelle meldete sich unüberhörbar zu Wort.
Dann verschwanden wir, wie wir gekommen waren, in Zweiergruppen. Hans und Chrischan fuhren voraus. Als Ältere, schon über 20, wurden sie kaum vom HJ-Streifendienst belästigt. Aber sie konnten uns warnen und notfalls helfen, wenn es zu einem Handgemenge kommen sollte. Am Bahnhof Rödelheim trennten wir uns.
»Bis Mittwoch, wie immer!« riefen wir uns zu.

Drei Wochen waren vergangen, den langen Janek hatten wir nicht wiedergetroffen. Also abwarten, dachten wir, bis der Zufall ihn mal wieder in die »Post« hineinwirbeln würde. Die Arbeiten an unserer Hütte nahmen uns voll in Anspruch. Wir hatten allerlei Pläne, doch letztendlich entschied der Geldbeutel über die Ausgestaltung.
An diesem Samstag hatten wir ein gutes Stück Arbeit vor uns. Das Dach mußte mit Dachpappe und Schindeln erneuert werden, im Inneren der Hütte fehlte noch der Fußboden, die Wände sollten verschalt und ein Ofenpodest gemauert werden. Schließlich fehlte es auch noch an Schlafmöglichkeiten.
Carli, Ferdi und ich hatten gerade aus einem nahe gelegenen Sägewerk unter Ächzen, Stolpern und Schwitzen einen Karren mit Brettern den Hohlweg hinter der Hütte hinaufbugsiert, als Hans uns aufgeregt vom Dach zurief:
»Da kommt ein Motorrad, ich glaub, es ist der Kaschube.«
Wir ließen den Karren stehen, und alle rannten hinter die Hütte, von wo aus wir den sich zu uns hochschlängelnden Weg einsehen konnten.
»Donnerwetter, tatsächlich, es ist der Janek auf seiner Blechbüchse, wenn mich nicht alles täuscht«, rief Bert erstaunt aus.

»Also, wie der uns finden konnte?« murmelte Pit.
»Na hör mal, bei dem Krawall, den wir hier veranstalten! Das spricht sich doch rum bis Kronberg und Königstein. Wundert mich ohnehin schon, daß wir bis jetzt noch keinen unangenehmeren Besuch hatten«, grinste Carli. Jaulend preschte Janek den Hohlweg hinauf, daß die Schottersteine aufspritzten und das Buchenlaub hinter ihm aufwirbelte. Mit einem eleganten Schwung landete er genau auf der Grasnarbe vor der Hütte. Diesmal nicht im flatternden Kleppermantel, sondern mit kurzen Hosen, gehalten durch ein breites Koppel, an dem wieder der Kupfertopf und sein Fahrtenmesser baumelten. Eine Gitarre, verstaut in einem Leinensack, hing diagonal über seinen Rücken, und aus den beiden Satteltaschen ragten Hartwürste und Brot heraus.
»Da hab' ich euch doch noch gefunden. War gar nicht so einfach. Bin erst mal zum Römerkastell gefahren. Nach langem Hin und Her fand ich einen, der euch kennt. Der Robert, der Maurer.

Mittagspause beim Bau der Hütte in Wüstems
v. l. n. r.: Bert, Hans (verdeckt), Walter, Ferdi, Rolf, Carli, Berry (1938)
Photo: K. Schmidt

Seine Firma hat 'ne Baustelle hier, und am Samstag hat er auf der Rückfahrt 'ne Abkürzung gemacht und euch hier malochen hören. Na ja, da bin ich nun. Kann ich mitmischen, oder seid ihr eine geschlossene Gesellschaft?«

»Na klar, hierbleiben ist angesagt. Leg die Klamotten da hinten auf die Kohtenbahnen, die Maschine stellst du am besten hier im Schatten ab. Und jetzt gibt's erst mal guten Tee«, sagte Bert und nahm den Teekessel vom Feuer, das wir den ganzen Tag bei kleiner Flamme hielten. Schließlich mußten wir ab und zu Teer erhitzen, um das Dach zu decken.

Nach einer Weile ging alles seinen gewohnten Gang. Janek griff zum schwarzen Ofenlack und pinselte, vor sich hin summend, den alten Seemannsofen an, den wir aus der Gartenhütte von Berts Großonkel organisiert und über Täler und Berge zu unserer Hütte gewuchtet hatten.

Am Nachmittag war das Dach fertig. Der Lärm tönte von Stunde zu Stunde dumpfer und hallender, je höher die inneren Bretterwände wuchsen. Bald läuteten im Dorf die Vesperglocken, ein letztes Mal knirschten bei uns Hacke und Schaufel im Sand, dann setzten wir uns ans Feuer.

Janek hatte uns am Nachmittag von anderen Gruppen am Römerkastell erzählt. Wir hatten schon mal von ihnen gehört, wußten aber nichts Näheres. Es sollten versprengte Reste der Sozialistischen Jugend und der Naturfreunde sein. Sie hatten sehr viel mehr Ärger mit dem HJ-Streifendienst als wir, aber den konnten wir ja noch bekommen. Wir sollten wirklich mehr auf Carli hören und nicht so viel Tamtam veranstalten. Chrischan nahm seine Gitarre und schlug einen kräftigen Akkord an. a-Moll.

Janek nickte uns aufmunternd zu. Wir sangen und sangen; er summte mit, schaute sich bei Chrischan die Griffe ab und war anscheinend ein begnadeter Musensohn. Der Teekessel wurde immer wieder mit frischem Wasser gefüllt, und die hölzerne Teeschale kreiste in der Runde. Gegen Mitternacht kam Janeks große Stunde. Er sang die Ballade vom Nigger Jim und andere Songs aus Bert Brechts »Hauspostille«, die uns bis dahin völlig unbekannt waren. Nun erahnten wir auch seine politische Einstellung zum Nazistaat; deshalb hatte er Kenntnis von den Gruppen am Römerkastell.

Unser Haufen hatte sich nach und nach aus verschiedenen Bünden zu einer »autonomen Jungenschaft« zusammengefunden. Manche von uns waren in derselben Klasse, wohnten im gleichen Stadtteil oder hatten sich bei den Konzerten der Don-Kosaken kennengelernt. Es konnte nicht jeder bei uns mitmachen; erst wenn alle einverstanden waren mit dem »Neuen«, wurde er in unserem Kreis aufgenommen.
Lange nach Mitternacht krochen wir unter unsere Decken. Die Feuchtigkeit trieb uns aber schon beim ersten Hahnenschrei wieder aus den klamm gewordenen Wolldecken. Nach dem Frühstück ging es in die Pilze. Bert kannte sich gut aus, und nach einer Weile hatten wir die wohlschmeckenden Zutaten für unseren Spießbraten beisammen, der unser feierliches Mittagsmahl wurde.
So lagen wir in der Sonne, die Arme hinter dem Kopf verschränkt, und blinzelten in den Himmel. Janek legte die Gitarre nur selten aus der Hand, summte und klimperte vor sich hin. Lieder von fernen Ländern und Welten, die uns noch so lange verschlossen bleiben sollten. Die Musik beflügelte unsere Phantasien und Träume.
Aufbruch. Die Geräte, Kisten und Eimer wurden in der Hütte verstaut, die Tür mit einem schweren Vorhängeschloß gesichert. In Abständen von 10 Minuten brachen wir auf, neun Fahrräder und ein Motorrad. Janek fuhr als erster.
In Kronberg wollten wir in der »Post« haltmachen. Direkt hinter Janek hatten Chrischan und ich gerade die Ausfallstraße nach Kronberg erreicht, als er uns wieder entgegenkam und von weitem rief:
»Im Hohlweg ist Kontrolle!«
»Fahren wir halt über Soden.«
»Warum, das wollen wir doch mal sehen!«
»Wir könnten ja auch warten, bis es dunkel ist?« Alle redeten durcheinander. Janek hatte inzwischen die Sodener Straße abgefahren, auch hier war ein Kontrollposten aufgestellt. Alle Jugendlichen wurden angehalten und überprüft. Am rechten Fahrbahnrand stand ein Tisch, hinter dem zwei Uniformierte der Hitler-Jugend hockten. Vor ihnen stapelten sich Papiere, Anordnungen und Erlasse, Stempel und Ausweise auf dem Tisch. Zwei weitere Streifendienstler standen auf der Straße, um jeden anzuhalten, wenn nötig auch mit Gewalt.

»Ich fahre langsam vor, ihr dicht geschlossen hinter mir her«, schlug Janek vor und grinste. »Wenn ihr dicht genug dran seid, tretet in die Pedale, was das Zeug hält!«
Alles klar: Janek fuhr an der Spitze, Bert, Ferdi, Carli, Pit, Hugo, Walter und ich hinterher. Langsam setzte sich die Karawane in Bewegung. Noch waren wir unsichtbar für die Kontrolleure hinter der Kurve. Chrischan und Hans, die beide älter waren und vom Streifendienst der HJ nicht mehr angehalten werden durften, blieben etwas zurück, um sich das Spektakel aus der Ferne zu betrachten. Wir hatten Luftpumpen und Ledergürtel in der Hand und radelten gemütlich auf den Posten zu. Dann preschten wir plötzlich los, wie von Hunden gehetzt. Wir strampelten wie von Sinnen. Immer schneller. Nur nicht anhalten! 20 Meter, 10 Meter... dann passierte es. Janek fuhr geradewegs auf die beiden Posten zu, die erschrocken einen Satz zur Seite machten. Ein kurzer Rechtsruck seiner Maschine, das Bein fuhr fast waagerecht unter den Tisch, und die Dahintersitzenden flogen in hohem Bogen in den Graben. Ich sah noch, wie Janek sich kurz umschaute, ob sein Fahrstil auch die beabsichtigte Wirkung hatte. Dann drehte er auf, brauste davon und wir hinter ihm her, bis das Geschrei der überraschten Streifendienstler nicht mehr zu hören war. Hans und Chrischan erzählten uns hinterher, wie die HJler ihre Papiere aus dem Graben zusammengesucht und dabei laut auf uns geflucht hätten.
»Trampen wir durchs Land und rasen durch die Welt dahin...«, war das erste Lied, das ich in der Jungenschaft gelernt hatte. Das Trampen war so eine Sache. Man wußte eigentlich nie, ob man auch dort ankommen würde, wo man hinwollte. Auch mit dem »Rasen« war es nicht weit her. Die Fernstraßen mit ihren Obstbäumen, den tiefen Chausseegräben, den Gänsen und Hühnern, den Heu- und Erntewagen, die unverhofft die Bahn überquerten, waren keine Rennstrecken. Es fuhren zwar wenige Autos, aber fast jeder dritte hielt an. Wenn man Glück hatte, kam man ein paar Ortschaften weiter, dann hieß es umsteigen und hoffen, daß man noch vor Einbruch der Dunkelheit ankam.
Die Nazis verboten das Trampen. Es galt als »Asphaltromantik« und war nicht »jugendgemäß«, wie es so schön hieß. Wir pfiffen drauf und trampten zu Freunden.
Auf einer dieser Trampfahrten lernte ich Heino und »Ött« kennen. Sie waren – und das sollte es damals doch gar nicht

geben – arbeitslos. Sie hatten sich von Mönchengladbach aufgemacht und versuchten als Erntehelfer ihr Glück. Auf dem Weg schallerten sie Volkslieder, und Heino malte Postkarten; so kamen sie einigermaßen über die Runden.
In Frankfurt angekommen, nahm ich beide mit in die Gruppe. »Ött« war ein alter Wandervogel, und Heino hatte anscheinend etwas mit der »Trucht« (einer Abspaltung der dj. 1.11) zu tun gehabt, jedenfalls zog er deren Liederbuch aus der Tasche. In

Tippeln auf den Schienen der Mittenwalder Kleinbahn.
v. l. n. r.: Gunner, Berry, Chrischan, Achim, Strupp, Klaus (1942)
Photo: H. H. Bauer

dieser Zeit begannen wir, in verschiedenen Städten Anlaufstellen aufzubauen, wo wir sicher und unbehelligt von der HJ oder schlimmeren Organisationen übernachten und wohnen konnten. Alte Freunde wurden besucht, neue hinzugewonnen. So hatten wir bald Stützpunkte in Nürnberg, Dresden, Berlin, Aschersleben, Freiburg und Düsseldorf. Wir nannten uns »Bündischer Selbstschutz«, organisierten kleine Treffs, tauschten Bücher und Liedertexte und blieben auch sonst in Kontakt.
Heino sollte unser Mann in Mönchengladbach werden.

Der Ausbau unserer Hütte hatte inzwischen gute Fortschritte gemacht. Sie war wohnlich, warm und winterfest geworden. Da es keine Fenster und keinen Stromanschluß gab, war das einzige Problem die Beleuchtung. Bei Dunkelheit mußten wir notgedrungen ein paar alte Stallaternen benutzen und die Tür des Seemannsofens offenlassen. Auf diese Weise hatten wir nicht nur Beleuchtung, sondern auch die im kalten Winter 1937 dringend nötige Wärme.
Weihnachten und Neujahr 1937/38 war fast die gesamte Mannschaft versammelt. Meine Mutter hatte einen Eimer Kartoffelsalat und einen weiteren mit Gulasch gekocht. Bert und ich verfrachteten die unförmigen Behälter per Bahn nach Königstein. Dann transportierten wir die kulinarische Kostbarkeit auf einem Rodelschlitten über das Billtal zur Hütte. Es hatte Neuschnee gegeben, und wir mußten viele Stunden durch den tiefen Schnee stapfen. Ein mühsames Unterfangen: einer zog, der andere schob. Bei unserer Ankunft umrundeten uns pelzvermummte Gestalten wie hungrige Wölfe – wir waren von unseren Freunden sehnlichst erwartet worden. Chrischan hatte einen Weihnachtsbaum organisiert, die Standortfrage endete in einer endlosen Debatte. Drinnen oder draußen? Als Walter mit zwei weiteren Freunden eintraf, war es klar, der Baum blieb draußen.
Die beiden Neuen, August und »Allah«, waren ehemalige Pfadfinder des Deutschen Pfadfinderbundes aus Langen, einem Ort südlich von Frankfurt. Sie trugen, wie wir, Jungenschaftsblusen, allerdings ohne die bei uns so wichtigen Querriegel, darunter karierte Fahrtenhemden und dunkelblaue Skihosen. Wenn der äußere Eindruck zutraf, waren beide brauchbare Gesellen. »Allahs« Haarschnitt erinnerte mich ans Militär. Zu kurz – doch das war eben der Zeitgeist. Wir waren so frei, etwas längere Haare zu

tragen, schon fast ein Zeichen von Opposition. Hans ließ sich einen Schnurrbart wachsen und trug am linken Ohr einen goldenen Ring. Bert, Pit und ich eiferten ihm nach und ließen uns ebenfalls bei einem Uhrmacher Löcher in die Ohren stechen... Allmählich hatte ein erst leichtes, dann starkes Schneetreiben eingesetzt. Wir verschwanden in der Hütte, ließen aber eine der Laternen draußen vor der Tür im Wind schaukeln. Sie sollte Hans und Janek, die später kommen wollten, den Weg weisen.

Mit unserer Hütte als Stammquartier konnten wir nun auch an ein größeres Treffen mit allen Freunden denken. So wollten wir Anfang September 1938 irgendwo im Taunus ein Kohtenlager abhalten. Wenn neben den Freiburgern auch die Nürnberger mitmachten, kämen wohl 30 Leute zusammen. Wir entschieden uns für das »El Dorado« als geeigneten Lagerplatz. Das war ein altes Silberbergwerk im Walddreieck von Heftrich, Esch und Oberrot. Auf den Abräumhalden zwischen mannshohen Birken und Kiefern konnten wir uns sicher fühlen. Nur ein schmaler Weg führte hinauf zum Lagerplatz; in der Nähe war eine Quelle. Janek hatte irgendwie zehn Liter Petroleum besorgt, der Bauer, in dessen Heuschober wir schon oft geschlafen hatten, stiftete zwei Zentner Kartoffeln. Wir legten vorsorglich einen Brennholzvorrat an und schlugen hölzerne Kohtenstangen, an denen die vier zusammengeknüpften Kohtenbahnen hängen konnten.
Da man der Reichspost den Lageplan des Lagers nicht anvertrauen konnte, brach ich am 3. August 1938 nach Nürnberg und Dresden auf, um mit den Freunden alle Einzelheiten zu besprechen. Halle lag auf dem Weg, also versuchte ich mein Glück auch bei »Spoy«, dessen Geburtstagsfeier damals so abrupt beendet worden war. Jetzt sah ich ihn erstmals nach drei Jahren wieder. Er hatte geheiratet. »Hast du noch Kontakte zu Leuten von damals?« wollte ich natürlich als erstes wissen.
»Nee, die Zeiten sind vorbei; kein Interesse mehr«, war »Spoys« enttäuschende Antwort. »Ab und zu hör' ich mal was von Walter, du weißt schon, der vom Nerother-Orden der Rabenklaue.«
In seiner Wohnung fand ich als einziges bündisches Relikt ein Photo der Nerotherhöhle. Aber ich wollte in Halle unbedingt eine Anlaufstelle für unsere Gruppen und Freunde einrichten, und »Spoy« war der einzige, der dafür in Frage kam.

»Also wir machen immer weiter, egal, wie es in der Politik aussieht. Wir haben uns 'ne Hütte umgebaut, machen wie immer Fahrten und natürlich Heimabende«, versuchte ich ihm die Angelegenheit doch noch schmackhaft zu machen. Aber »Spoy« war wohl rettungslos ins bürgerliche Leben abgedriftet und vor allem auch unpolitisch geworden. Der Einmarsch in Österreich, die Behandlung der Juden in Deutschland, der Bürgerkrieg in Spanien, nichts davon bereitete ihm Unbehagen.

»Du kannst dich doch nicht einfach einordnen und so tun, als sei alles in schönster Ordnung.«

»Na hör mal, das tu ich ja auch nicht. Aber was soll ich denn machen, ich hab' schließlich jetzt Familie. Da ist das nicht mehr so einfach.«

Dennoch versprach er, Freunde von mir, wenn sie sich frühzeitig anmeldeten, bei sich aufzunehmen.

Nach zwei Tagen trampte ich in Richtung Aschersleben, dort wohnte Werner, genannt »Kühlerschraube«. Leider war er nicht da. Also mußte ich wohl oder übel doch der Reichspost Vertrauen schenken.

Am Abend des 9. August war ich in Dresden und wartete vor der Wohnung von Karl-Heinz, genannt »Pony«. Nach einer Weile tauchte er mit seinem Bruder »Pukko« auf.

»Mensch, Berry, pünktlich wie die Reichsbahn«, freute sich »Pukko«. Wenig später hockten wir in »Ponys« Bude. Sie glich der Frankfurter »Garnison«: ein Samowar, eine Menge Bücher im Regal und großformatige Photos an den Wänden – Lappland, Italien und der Balkan.

»Erwartest du noch Gäste?« wollte ich wissen, als »Pukko« zwei weitere Tassen auf den Tisch stellte und begann, einen Haufen belegter Brote zu schmieren.

»Mischa wollte vorbeikommen.«

»Und seine Freundin Dodo«, sagte »Pony«, auf »Pukko« deutend. Ich hatte die beiden auf einer Trampfahrt in Thüringen kennengelernt – irgendwo auf einer Landstraße.

»Schenk dir ein«, meinte »Pony«, schob die Teekanne zu mir herüber und lehnte sich bequem zurück. »Auch Rum, echter aus Jamaika?« fügte er augenzwinkernd hinzu. Ich griff zu.

»Also, schieß los, was habt ihr vor, und wie soll alles ablaufen?«

»Ihr müßtet am Freitag lostrampen. Bis Samstag mittag könnt ihr es schaffen. In Thüringen haben wir noch keine Unterbringungs-

möglichkeiten, und Nürnberg liegt zu weit südlich. Oder habt ihr Verbindungen in dieser Gegend?« Ich hatte eine Landkarte auf dem Tisch ausgebreitet und ihnen den Weg bis zu unserem Lagerplatz beschrieben.
»Keine Bange, wir werden weder hungern noch frieren, wie Adolf immer so schön sagt«, grinste »Pukko« und schaufelte drei Löffel Zucker in die Tasse. »Außerdem, der September ist immer gut zum Trampen.«
»Wir kommen auf jeden Fall«, versprach »Pony«, nachdem er noch mal einen prüfenden Blick auf die Karte geworfen hatte. Dann ging die Tür auf. »Mischa« erschien und hinter ihm ein zierliches Mädchen – Dodo. Beide trugen Sportklamotten unter dem Arm. Händeschütteln, Platznehmen, Futtern.
»Na, wie ging's denn so, Berry? Keinen Ärger gehabt unterwegs?« wollte »Mischa« wissen.
»Fehlanzeige. Halle kann man vergessen, und in Aschersleben war niemand.«
Wie immer, wenn wir zusammensaßen, packte bald jemand die Gitarre aus, und wir sangen, schmiedeten Zukunftspläne oder wühlten in alten Photos. Erst um Mitternacht gingen wir auseinander.
Früh raus am nächsten Morgen, kurzes Frühstück, dann an den Straßenrand. Trampen ist ein Abenteuer auf Raten, das Fortkommen manchmal mühsam. Bis Gera hatte ich es mit vielen Umsteigern bald geschafft. Gegen Abend hielt endlich ein alter Lastwagen, der mich bis Fulda mitnahm. Langsam ging es durch die Nacht. Aber besser so, als sich in einer Feldscheune mit Mäusen oder Siebenschläfern herumzuärgern, sagte ich mir.
Von Fulda nach Frankfurt war es nur noch ein Katzensprung, und nachmittags schwammen meine Fahrtenklamotten bereits in Mutters Waschkessel.

Ein paar Tage später tauchten Heino und »Ött« bei uns auf. Sie waren auf der Rückreise von Österreich nach Mönchengladbach. Sie hatten viel zu erzählen, und wir trommelten unsere Freunde am Abend zusammen. So ganz nebenbei erfuhren wir, daß Heino und »Ött« im Juni, also schon vor fast 8 Wochen, bei einer Straßenkontrolle der Landpolizei wegen ihres »bündischen Aussehens» aufgefallen waren.
»Was haben die mit euch gemacht?«

»Na ja, nicht viel, eigentlich. Wir mußten mit zur Wache, dort haben sie uns die Halstüchter abgenommen. ›Daran erkennt man eure Gesinnung‹ oder irgendso 'n Quatsch haben die erzählt, und dann konnten wir wieder gehen. Haben uns natürlich gleich neue gekauft, ist ja klar«, erzählte Heino. Aber zwei Tage später fielen sie mit ihren Halstüchern wieder auf.
»Das war dann schon irgendwie blöde, weil wir haben 'ne Anzeige wegen Verdachts illegaler bündischer Betätigung gekriegt. Aber wir sind dann trotzdem weiter, hat ja keinen Zweck, nun alles sein zu lassen.«
»Wir können das Kohtenlager nicht machen, sofort abblasen und die anderen verständigen. Es ist zu gefährlich«, rief Janek, der Heino bis dahin schweigend zugehört hatte.
»Ihr solltet jetzt auch nicht sofort nach Hause fahren, geht erst mal nach Dresden oder nach Halle zu »Spoy«. Ich meld' euch da an«, sagte ich. Meine Mutter rief bei Dodo in Dresden an und gab die baldige Ankunft der beiden weiter. Unser Kohtenlager war damit erst mal geplatzt. Wir gingen an diesem Abend traurig auseinander, wollten den Kontakt aber unbedingt aufrechterhalten.
Die folgenden Tage und Wochen vergingen schnell. Ich trampte nach Nürnberg zu Fred und seiner Gruppe, die gerade von einer Fahrt in den Süden zurückgekommen waren. Von Nürnberg kommend war ich nicht in meine eigene Bude gegangen, die ich seit einigen Wochen hatte, sondern erst zu meinen Eltern. Ich hatte keinen Hausschlüssel mehr, mußte also klingeln.
Meine Mutter kam mir schon auf der Treppe entgegen. Aufgeregt flüsterte sie: »Bub, du wirst gesucht. Geh ins Café Laumer, ich komme gleich nach.«
Mir fuhr der Schreck in die Glieder. Ich machte auf dem Absatz kehrt und schlich davon. Obwohl die Sonne schien und im Gartencafé nicht alle Plätze besetzt waren, verzog ich mich ins Innere. Die Eingangstür im Auge, den Affen unter dem Tisch verstaut, setzte ich mich. Was war passiert? Hatten sie Heino und Ött geschnappt, waren sie an die Pläne unseres Kohtenlagers gekommen? Jetzt erst wurde mir so richtig bewußt, wie gefährlich das alles werden konnte. Schließlich waren unsere Pläne von Staats wegen verboten. Eine Menge Fragen, keine Antwort.
Auch meine Mutter, die endlich nach 20 Minuten kam, wußte nichts. Nur, daß die Gestapo mich suchte.

Geheime Staatspolizei — Staatspolizeistelle Düsseldorf

jenommen nat Jahr Zeit .1938 * 0 1 25 durch	Raum für Eingangsstempel Staatspolizeistelle Düsseldorf 15. SEP. 1938 Anl.	Befördert Tag Monat Jahr Zeit an durch
Nr. 23763	Telegramm — Funkspruch — Fernschreiben — Fernspruch	Verzögerungsvermerk

-DRESDEN NR. 18 905 . 15.9.38 0122-
AN DIE STAPO DUESSELDORF ===
BETR.: BUENDISCHE JUGEND.--
VORG./ : ROEM. 2 H - 543/38.-
AUF DAS FS VOM 13.9.38 WIRD MITGETEILT,DASS HAEHNEL,
DRESDEN, UND DER BUENDISCHE SELBSTSCHUTZ HIER BEREITS
BEKANNT SIND. AUCH DIE VERBINDUNG HAEHNEL-BERRX ,
FRANKFURT/ M. IST HIER BEREITS BEKANNT. HAEHNEL STEHT HIER
UNTER SCHAERFSTER UEBERWACHUNG. AUS TAKTISCHEN GRUENDEN
WURDE BISHER NICHT ZUGEGRIFFEN. ENTSPRECHENDE RUECKFRAGEN
SIND WEGEN DES B. S. UND DES BERRY MIT DER STAPO FRANKFURT
BEREITS GEHALTEN WORDEN. DA DURCH DIE DORTIGEN FESTNAHMEN
DIE HIESIGEN VORBEREITETEN MASSNAHMEN KEINEN ZWICJ MEHR
HABEN WIRD HAEHNEL HEUTE FESTGENOMMEN WERDEN. WEITERER
BERICHT FOLGT. ===

STL. DRESDEN ROEM. 2 H- 434/38++

»Die haben unsere Wohnung durchsucht, bei den anderen auch«, sagte sie.
»Wer von uns ist noch frei?« wollte ich wissen.
»Keine Ahnung, das haben sie mir nicht gesagt. Die haben eigentlich überhaupt nicht gesagt, was sie wollten.« Ich hatte mein Eis noch nicht ganz aufgelöffelt, als sie meine Hand nahm. »Da kommen sie, ach Gott, mein Bub, was machen wir jetzt?« Zwei harmlos aussehende Männer betraten das Cafe, schauten sich um und kamen direkt auf unseren Tisch zu.
»Leg den Inhalt deiner Taschen auf den Tisch und dann die Hände«, befahl mir der eine. Zu meiner Mutter gewandt sagte er: »Das wird für Sie noch ein Nachspiel haben. Gehen Sie nach Hause an die Kochtöpfe, wo Sie hingehören.«
Weinend umarmte sie mich und ging wortlos.
»Schnapp dir das Gepäck und versuch nicht zu türmen. Das Taschentuch kannst du wieder einpacken«, sagte einer der beiden

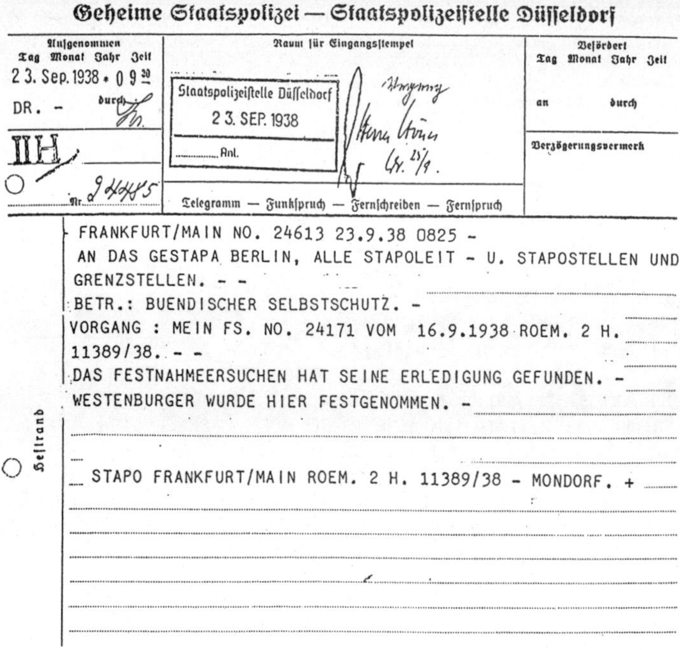

Geheime Staatspolizei — Staatspolizeistelle Düsseldorf

Aufgenommen Tag Monat Jahr Zeit
23. Sep. 1938 · 09 30
DR. – durch
Nr. 24485

Raum für Eingangsstempel
Staatspolizeistelle Düsseldorf
23. SEP. 1938
Anl.

Telegramm — Funkspruch — Fernschreiben — Fernspruch

Befördert Tag Monat Jahr Zeit
an durch
Verzögerungsvermerk

FRANKFURT/MAIN NO. 24613 23.9.38 0825 –
AN DAS GESTAPA BERLIN, ALLE STAPOLEIT – U. STAPOSTELLEN UND GRENZSTELLEN. – –
BETR.: BUENDISCHER SELBSTSCHUTZ. –
VORGANG : MEIN FS. NO. 24171 VOM 16.9.1938 ROEM. 2 H. 11389/38. – –
DAS FESTNAHMEERSUCHEN HAT SEINE ERLEDIGUNG GEFUNDEN. –
WESTENBURGER WURDE HIER FESTGENOMMEN. –

STAPO FRANKFURT/MAIN ROEM. 2 H. 11389/38 – MONDORF. +

Heftrand

Männer und sammelte die restlichen Gegenstände ein. Fahrtenbuch, Fahrtenmesser und Landkarte verschwanden in einer schwarzen Aktentasche. Sie nahmen mich in die Mitte und verfrachteten mich in eine Mercedes-Limousine. Eine Stunde später saß ich in einer Einzelzelle des Frankfurter Polizeigefängnisses, im sogenannten »Klapperfeld«.
Es war Freitag, der 23. September 1938.

Da saß ich nun und wußte gar nicht, wie mir geschah. Über das »Klapperfeld« hatte ich bisher nur Greuelgeschichten gehört. Die Gestapo hätte hier das Sagen, die Verhafteten würden manchmal über Wochen und Monate festgehalten. Tag und Nacht, hieß es, würden Verhöre durchgeführt, oft auch geprügelt. »Sonderbehandlung« nannte man das. Die Gestapo führte keine Eingangslisten, so daß niemand genau wissen konnte, wie viele Menschen im »Klapperfeld« festgehalten wurden.
Der Tag verlief ziemlich eintönig. Hofgang, Verhöre, in der Zelle rumsitzen, aber auch Schikanen aller Art. Abends war man froh,

wieder eingeschlossen zu werden. Der abendliche Einschluß war ein ersehnter Augenblick. Denn nach Einbruch der Nacht hingen die Inhaftierten an den Zellenfenstern und riefen sich quer über den Hof Nachrichten zu. Der unten patrouillierende Beamte konnte so viel schreien, wie er wollte, und mit Bestrafung drohen – er erntete nur Hohngelächter, weil im Dunkel der unbeleuchteten Hausfassade nicht auszumachen war, wer gerade etwas gerufen hatte.
Auch ich hing am Fenster. Zuerst war es sehr schwierig, aus diesem Stimmengewirr etwas herauszuhören. Ich versuchte es mit Pfeifen. Unser Gruppenpfiff war Teil des ukrainischen Lieds »Gehe nicht, o Gregor...« Und kaum zu glauben, ich erhielt eine Antwort aus dem Dunkel. Der Hofposten schrie wütend gegen unser Pfeifen an. Gegröle ringsum und der Ruf: »Halt's Maul, du Drecksack« ließen ihn vorerst verstummen.
»Janek, bist du da irgendwo?« versuchte ich es noch mal.
»Hier oben, Berry. Der Lange liegt zur Straßenseite und kann uns nicht hören«, erkannte ich Berts Stimme über mir. Gejohle und Rufen, das wütende Schimpfen des Hofpostens und der Lärm einer Ju 52, die am nächtlichen Frankfurter Himmel auftauchte, machte eine Verständigung unmöglich. Aber Bert ließ nicht locker.
»Hugo und Pit sind auch hier. Schon über 'ne Woche. Kopf hoch, Alter, wird schon schiefgehen.«
Ich sprang im gleichen Moment vom Hocker, den ich unter das Fenster gerückt hatte. Gerade noch rechtzeitig, bevor meine Zellentür aufflog. Der alte, gutmütig wirkende Polizeibeamte drohte mit dem Finger.
»Junge, laß dich nicht am Fenster erwischen, sonst muß ich Meldung machen. Und das hätte Folgen. Die lassen nicht mit sich spaßen. Ich tue hier auch nur meine Pflicht, jetzt hau dich in die Koje und halt Ruhe.«
Am Montagmorgen war es dann soweit. Ich wurde um sieben Uhr vom »Klapperfeld« in die Bürgerstraße verfrachtet. Dort befand sich die Frankfurter Gestapoleitstelle. Die Häftlinge wurden durch einen unscheinbaren Hintereingang eingeliefert und in enge Eisenkäfige gezwängt. Es gab keine Sitzgelegenheiten; sie mußten stehen oder hocken – in einem Käfig, der vielleicht doppelt so breit war wie ein Spind. Stundenlang, auch tagelang und nicht selten im Dunkeln. Dieser Käfig ging mir durch den

Kopf, als ich zwischen zwei Beamten auf dem Rücksitz durch die Frankfurter Innenstadt kutschiert wurde. Aber mir blieb diese Tortur erspart, denn in der Bürgerstraße angekommen, fuhren wir mit einem Aufzug in den dritten Stock. »Zimmer 31, Referat II, Mondorf«, stand an der Tür.

»Da haben wir ihn ja.« Der Mann hinter dem Schreibtisch war Mondorf. Es war derselbe, der mich drei Tage vorher festgenommen hatte, mittelgroß, bleich und mit dem damals üblichen kurzen Haarschnitt. Wortlos spannte er einen Bogen Papier in die Schreibmaschine.

»Name, geboren, wo? Beruf? Name des Vaters, Name der Mutter, geborene?« Dann drehte er das Blatt ein wenig höher und begann vorzulesen.

»Vorgeführt, erscheint der Vorgenannte und gibt, mit dem Gegenstand der Vernehmung bekannt gemacht und zur Wahrheit ermahnt, an.« Ich war vollkommen verdutzt. Was sollte das alles? Außerdem hatte er mir nicht erklärt, was der Gegenstand der Vernehmung sein sollte. Ich konnte es mir nur denken. Dann ging es los.

»Und nun zur Sache. Wer gehört zu der Organisation, außer dir und deinen Frankfurter Freunden? Na, wird's bald?« Jemand stand hinter mir, ich konnte ihn nicht sehen, hörte aber, wie er hin und her ging. Bei jeder Antwort blieb er mit einem Ruck stehen, als ob er nur so zuhören könnte. Mondorf schaute ab und an über mich hinweg und schüttelte den Kopf, wenn ihm meine Antwort nicht gefiel.

»Was, nur gesungen und gewandert? Das gibt's doch nicht, der Kerl lügt ja, ohne rot zu werden.« Doch was sollte ich machen, es entsprach der Wahrheit. Ich starrte auf das Führerbild, das damals in jeder Amtsstube zu hängen hatte. Es hing ziemlich schief an der Wand, schon etwas verblichen und mit Mückenschiß auf der Scheibe.

»Wir sperren dich ein, bis du schwarz wirst. Im KZ wirst du schon reden lernen, ich versprech's dir. Also los jetzt, Namen will ich hören, verstehst du, Namen!« Er schwieg eine Weile, dann brüllte er drohend los.

»Warum hast du so viele Stempel in deinem Fahrtenbuch, aus jeder Stadt, hast wohl Post dort hinterlegt, was?« Dabei nahm er mein Fahrtenbuch und hielt es triumphierend hoch.

 »Nein, ich sammele die Stempel nur, um zu beweisen, daß ich

tatsächlich in der Stadt gewesen bin. Die Stempel von der Reichspost hab ich genommen, weil sie ein Tagesdatum haben. Das ist alles.«
»Das ist doch alles Quatsch, Datumsstempel! Einer von euch war doch in der kommunistischen Jugend. Und der Koebel – wie heißt der bei euch doch gleich – Tusk. Der war auch dabei. Also los, wer gab euch die Anweisungen?« So vergingen viele Stunden. Mal leise und eindringlich, mal laut und brüllend versuchten Mondorf und der andere, etwas aus mir herauszuquetschen, das wir wirklich nicht getan hatten.
»Abführen, in den Keller mit ihm«, schrie Mondorf irgendwann, knallte den Aktendeckel zu und schlug mit der Faust auf den Tisch. Ich wurde von einem Gestapobeamten eine Kellertreppe hinuntergeführt – in den Eisenkäfig. Aber nur für kurze Zeit, dann gab es was zu futtern. Gegen Abend brachte man mich wieder zurück ins »Klapperfeld«. An der Pforte traf ich Pit, der in Begleitung von zwei Beamten an mir vorbeistolperte. Er sah zerzaust und verweint aus. Ihn und die anderen hatte man schon vor 10 Tagen festgenommen. Nun kam er wohl dran. Die Verhöre waren also noch nicht abgeschlossen. Sie schienen tatsächlich von der Idee besessen, uns zu kommunistischen Widerstandskämpfern zu machen. Wenn sie das schafften, dann landeten wir alle in Dachau oder Buchenwald.
Inzwischen hatte meine Mutter frische Wäsche gebracht und einen Rechtsanwalt aufgetrieben, der mich herauspauken sollte. Ein hoffnungsloses Unterfangen, solange die »Ermittlungen« nicht abgeschlossen waren. Zwei Tage später wurde ich in einen großen Raum gebracht, der neben dem Zellentrakt lag. Mondorf, ein Richter und jemand, der Protokoll führte, erwarteten mich.
»Herbert Westenburger, auf Grund deines Vorlebens besteht Flucht- beziehungsweise Verdunkelungsgefahr. Weitere Untersuchungshaft ist also gerechtfertigt und angezeigt.« Der Richter nickte, Mondorf drehte sich zum Protokollanten und fuhr fort: »Überstellung bis auf weiteres in die Untersuchungshaftanstalt Hammelsgasse.« Das war's, dachte ich, Untersuchungshaft, das kann ja heiter werden. Wieder in der Zelle, sah ich durch die halboffene Tür, wie sich Bert und Hugo, die ebenfalls ihre wenigen Habseligkeiten zusammenpackten, etwas zuriefen.

»Maulhalten, sofort«, schrie der Aufseher, der unseren Abgang zu überwachen hatte. Einzeln wurden wir verlegt, im Gleichschritt, die Hände mit Handschellen hinter dem Rücken gefesselt. An der Pforte der U-Haftanstalt Hammelsgasse rief der Beamte seinem Kollegen zu: »Fünf Neuzugänge, politische«, und musterte uns dabei neugierig. Zelle 134, 1. Stock, Hofseite, das war für die nächste Zeit mein Zuhause.
Die Verhöre gingen weiter. Mondorf kam, um uns der Reihe nach in die Mangel zu nehmen. Die Vernehmungen bekamen einen neuen Inhalt. Ich hatte den Eindruck, Mondorf hatte »neue Erkenntnisse« gewonnen, woher allerdings, wußte ich nicht. Er hielt uns eine besonders »verwerfliche« Tat vor.
»Du hast doch mit dem Heino in einem Bett gepennt, ihr schwulen Lümmel, oder? Und die Älteren, die wollten doch nicht bloß wandern, das kannst du mir nicht erzählen. Die anderen haben auch schon gestanden, also raus damit!«
»Ich habe seit langer Zeit eine feste Freundin. Ich bin nicht so, wie Sie denken. Das ist falsch«, antwortete ich, wohl wissend, daß er mir nicht glauben würde. Auch die anderen waren nicht schwul. Hans und Janek waren verheiratet, hatten Kinder, Chrischan war, wie er immer zu sagen pflegte, »glücklich« verlobt. Und ausgerechnet mit Heino, unserem größten Weiberheld, der nun wirklich jedem Rock nachschielte, sollte ich etwas »gemacht« haben. Mondorf war wohl noch nie auf einer Skihütte oder in einem Zelt gewesen. Aber die Erwähnung von Heino aus Mönchengladbach machte mich hellhörig. Hatte er unter Druck vielleicht doch etwas ausgeplaudert? Mondorf ließ auch in den nächsten Tagen nicht locker; er wiederholte ständig dieselben Fragen nach Anführern und Kontaktleuten, nach dem Sinn der vielen Stempel. Langsam kam ich mir wirklich wichtig vor.
Zwischendurch schleppte ein Beamter stapelweise Bücher und Liederhefte herbei, die er vor Mondorf auftürmte. Er blätterte wahllos, doch scheinbar nach etwas Bestimmtem suchend, darin herum. Ich erkannte einige Exemplare aus Berts Bücherbestand: Kurt Tucholsky, Franz Werfel, Walter Mehring, Egon Erwin Kisch oder B. Traven sowie einige unserer selbstgeschriebenen Liederbücher.
»Alles Emigranten- und Judenliteratur«, tobte Mondorf los, warf die Bücher wütend in die Ecke. »Allein das genügt, um dich für lange Zeit in den Knast zu bringen.« Er schnaubte eine Weile

und schien nach einem neuen Verhörtrick zu suchen. Nach einer fast endlosen Pause vernahm ich aber nur: »Abführen.«
Der Rechtsanwalt ließ mir die Kopie seiner Haftbeschwerde übermitteln, ich las sie ohne Hoffnung. Einige Tage später besuchte er mich. Meine Akte sei nun an das 4. Sondergericht in Berlin übergeben worden.
»Das ist 'ne ernste Angelegenheit, wir müssen jetzt mit dem Schlimmsten rechnen«, sagte er. Außerdem, so fügte er hinzu, werde nun auch in Halle und Dresden ermittelt.
In jenen Tagen herrschte im Knast große Aufregung. Hitlers Soldaten waren am 1. Oktober 1938 ins Sudetenland einmarschiert, Gerüchte waren zu hören, nun gäbe es Krieg. Die Möglichkeiten, Kontakt aufzunehmen, waren in der Hammelsgasse besser. Die Justizbeamten schätzten uns als Romantiker und Weltverbesserer ein. Der Kalfaktor, der das Essen ausgab und den wöchentlichen Büchertausch durchführte, sorgte bei entsprechender Bestechung mit Tabak für die Übermittlung von Nachrichten. So erfuhr ich von Pit, daß Chrischan kurz vor unserer Verhaftung nach Pirmasens getrampt sei. Ferdi hatte inzwischen seinen Stellungsbefehl bei den Pionieren bekommen, und Walter war beim »Reichsarbeitsdienst«.
Die Vernehmungen gingen weiter. Janek hatte ein blaues Auge. Er war als ehemaliges Mitglied der Kommunistischen Jugend am meisten gefährdet, nannte sich nicht Johannes, wie es in seinem Paß stand, sondern Janek, und hatte im Januar 1933 auf dem höchsten Zechenschlot der Hedderheimer Kupferwerke eine rote Fahne gehißt. Gründe genug, ihn zu drangsalieren. Kaum auszudenken, was erst passieren würde, wenn sie herausbekämen, daß er sich 1935 freiwillig zur Internationalen Brigade in Spanien gemeldet hatte. Seine Rekrutierung scheiterte nur an seiner Freundin, die gedroht hatte, ihn zu verlassen.
Wochen und Monate vergingen, unsere Akten wurden hin- und hergeschoben, mehrere Staatsanwaltschaften schienen mit unserem »Fall« betraut zu sein. Am 9. November 1938 kam Bewegung in den Zellenbau. Ich hörte Feuerwehrsirenen und Geschrei auf den Straßen. Die Beamten brachten Juden, kommentarlos, sie hätten »Anweisungen«.
Am 28. Januar 1939 wurde »Spoy« in Halle vom 4. Sondergericht Berlin zu sechs Monaten Gefängnis verurteilt. Ausgerechnet »Spoy«, der eigentlich am wenigsten mit unserer Gruppe zu tun

hatte. Die Untersuchungshaft angerechnet, blieben ihm noch gut 2 Monate.
Am 15. März überfiel die deutsche Wehrmacht die Tschechoslowakei. Es gab eine Generalamnestie. Genauso unverhofft, wie wir in den Knast reingekommen waren, kamen wir nach mehr als fünf Monaten auch wieder raus.
Einen Monat später erhielt ich eine Vorladung zur Gestapo. Ich wußte sofort, worum es ging, als ich das Referat betrat und Mondorf hinter seinem Schreibtisch sitzen sah. Aufgestapelt in Reih und Glied standen da unsere Bücher, die Kohtenbahnen und Affen, Fahrtenmesser, Janeks Banjo, Berts Balalaika und die Gitarren.
»Hier unterschreiben«, meinte Mondorf geringschätzig und schob mir eine Liste zu.
»... und bin damit einverstanden, daß oben angeführte Gegenstände dem Deutschen Jungvolk, respektive der Hitlerjugend zugeführt, die Bücher vernichtet werden«, las ich murmelnd vor. Jeder mußte für seine Klamotten unterschreiben, ich hatte das zweifelhafte Vergnügen, der erste zu sein. Wir hatten sowieso nicht damit gerechnet, unsere Sachen wiederzubekommen.
Aus allen Wolken fielen wir jedoch, als Oma Müller uns die Blechbüchse mit fast allen Rollfilmen, Berts Fotoalbum und einige Liederbücher übergab. Sie hatte alles rechtzeitig unter sich in ihrem alten Ohrensessel vergraben können, und niemand hatte sie, eine Frau von fast 70 Jahren mit beachtlicher Leibesfülle, dazu aufgefordert, diesen zu verlassen. So saß sie auf wichtigen Dokumenten und jammerte schwer atmend darüber, noch in ihrem Alter die Polizei im Haus zu haben. Hier spätestens wurde mir klar, daß der Spitzname »Mops« seine Berechtigung hatte.
Die Hütte in Wüstems war während unserer Haft von HJ und SA zertrümmert worden. An größere Unternehmungen war nicht mehr zu denken, zumal unsere Gruppe immer kleiner wurde. Die Älteren mußten zum »Reichsarbeitsdienst« oder waren zum Militärdienst eingezogen. Übriggeblieben waren die »Gedienten« Hans, Hugo, Chrischan und Janek. Der Rest – Bert, Rolf, Carli und ich – wurde nach und nach gemustert.
Unsere Einberufung war abzusehen. Von »Allah« und August hatten wir seit den Verhaftungen nichts mehr gehört. Pit hatte seine Lehrstelle verloren und war nach Nürnberg übergesiedelt.
 Am 1. September 1939 überfielen deutsche Truppen Polen. Wir

Ohne sie wäre in der Garnison fast nichts gelaufen – Anna Müller, liebevoll »Mops« genannt, Berts Großmutter (1942)
Photo: H. H. Bauer

wurden einberufen. Soldaten. Graue Kolonnen. Nach der Grundausbildung ging es sofort zum Westwall. Für mich ging der Winter 1939/40 ohne nennenswerte Kampfhandlungen vorüber, beide Seiten schienen sich zu belauern.
Ende 1940 wurde ich nach Berlin versetzt, zu einem Abteilungsstab des 326. Flakregiments. Meine Einheit lag in Hohenschönhausen, einem parkähnlichen Gelände am Orankesee. Ich machte mich sofort auf die Suche nach Freunden aus der Jungenschaft. Ich fand »Heias« Anschrift in Neukölln. Die Neuköllner Jungenschaftler trafen sich in Treptow, in einer Laubenkolonie mitten im Grünen. Nach und nach trabten sie an. Da waren Charly, dem die Laube gehörte, und fünf oder sechs andere, von denen ich nur Sascha, Conny, »Hasch« und Gunner kannte. Ihre bündischen Verbindungen reichten quer durch die Stadt, vom Grunewald bis Moabit. Manchmal trafen sie sich am Bootshaus Schmöckwitz am Seddinsee, wo sie einige Boote hatten. Sie fuhren oft hinaus, um ungestört singen zu können. Zudem hatten die Neuköllner einen alten Stall in einem Bauernhaus in Oderin ausgebaut. Er diente ihnen als Winterquartier.
»Heias« Bude in der elterlichen Wohnung war eine Miniaturausgabe unserer Frankfurter »Garnison«. Sie war mit Bastmatten

ausgelegt, auf den Bücherregalen stand die gleiche Literatur, wie sie Mondorf beschlagnahmt hatte, und viele großformatige Photos von Lappland und Schweden zierten die Wände.
Hier trafen sich »Strupp« vom Deutschen Pfadfinder Bund, Maxe von der Deutschen Freischar und die ehemaligen dj. 1. 11er Sascha, Conny, »Hasch« und Gunner. Der bündische Betrieb war in vollem Gange. Kein Krieg konnte uns daran hindern, jede freie Minute miteinander zu verbringen. Wochenendfahrten, Segeln, Schwimmen, Singen, das war für mich ein guter Ausgleich zum strengen Kommißleben. Bert war an Diphtherie erkrankt und bekam drei Wochen Heimaturlaub. Ich hatte noch einige Tage Resturlaub, der mir nach einigem Hin und Her auch genehmigt wurde.
»Ich fahre nach Frankfurt zu Bert«, sagte ich zu »Heia«, der noch nicht im Soldatenrock war.
»Scheiße, ich würde gerne mitkommen. Ich hab' Bert schon lange nicht mehr gesehen«, entgegnete er.
»Laß mich mal überlegen. Du müßtest als Soldat reisen, dann kriegst du 'nen Fahrschein und doppelte Lebensmittel.« Im Panzerschrank meines Stabes lagen Blankoformulare: Soldbücher, Urlaubsscheine in Hülle und Fülle. Ich stahl ein Soldbuch und mehrere Urlaubsscheine, stempelte sie und füllte sie auf einen gewissen Hans H. Bauer aus. Dann fuhren wir mit dem Fronturlauberzug von Berlin nach Frankfurt, »Heia« in meiner Ausgehuniform, die seine Schwester auf seine Größe zurechtgekürzt hatte.
Auf dem Bahnhof wären wir um ein Haar aufgefallen. »Heia« grüßte mit dem falschen Arm, als er mich nachahmend an einem Offizier vorbeiging. Der schiß ihn zusammen, wobei »Heia« noch nicht einmal strammstand. Das brachte den Offizier erst richtig in Fahrt.
»Papiere!« schnarrte er. Umständlich zog »Heia« mein Werk aus der Tasche. Nach endlosen Minuten nickte der Offizier und ließ uns gehen. Am nächsten Tag deckten wir uns beim Ernährungsamt erst mal mit der doppelten Lebensmittelration ein, die uns als Urlaubern ja zustand. Schinken, Salami und Butter, alles was

Auf dem Weg zu einem illegalen Treffen bündischer Gruppen in der Nähe Berlins: Berry und Heia (1942)
Photo: H.H. Bauer

in Kriegszeiten knapp und begehrt war. Dieser Diebstahl am »deutschen Volksvermögen« und die Fälschung der Papiere hätten für mich, wären wir aufgeflogen, vermutlich Zuchthaus mit anschließender Versetzung in eine Strafkompanie bedeutet. Auch »Heia« hätte wohl seine soldatischen Eigenschaften an irgendeiner Front unter Beweis stellen dürfen.

Der Lazarettarzt hatte Bert langes Sprechen untersagt, weil er als Folge seiner Diphtherie noch an einer Gaumensegellähmung litt. Ein kaum verständliches Lispeln und Krächzen kam über seine Lippen. Bei der täglichen Visite malten Ärzte und Krankenschwestern das Gespenst, die Stimme zu verlieren, an die Wand. Also schwieg er entgegen seiner sonstigen Gewohnheit, ausufernd und lautstark zu reden. Wir hatten tagsüber Gelegenheit, mit »Heia« durch die Stadt zu bummeln oder zu den Resten der alten Hütte nach Wüstems zu fahren. Es war eine Reise in die Vergangenheit. Fast muß man sagen, in unsere Jugendzeit, obwohl wir der erst knapp entwachsen waren. Doch diese Zeit war dahin. Seit 1938 war unsere Freundesrunde zerschlagen, durch den Krieg in graue Soldatenröcke gezwängt und in alle Winde zerstreut. Dennoch: »... Wir sind zur Freud geboren und nicht zum Leiden hier, in Traurigkeit gehn wir verloren, in Freude siegen wir ...«

Am 22. Juni 1941 begann der damals so genannte »Rußlandfeldzug«. Deutsche Truppen überfielen die Sowjetunion, obwohl ein Nichtangriffspakt bestand. Hugo, Janek, Chrischan und die meisten Frankfurter wurden sofort an die Front im Osten verlegt. Andere blieben in Reservestellungen abrufbereit. Von unseren Berliner Freunden erhielten wir ebenfalls die Nachricht, daß sie fast alle »einrücken« mußten. Einige waren noch Studenten, in der Lehre oder arbeiteten in wehrwirtschaftlichen Betrieben. Ihnen war noch eine kurze Schonfrist eingeräumt. Wir hielten, so gut es ging, den Briefkontakt aufrecht.
Am 20. August 1941 bekam ich einen Brief an Janek mit dem Vermerk zurück: »Empfänger für Führer und Vaterland gefallen.« – Am 8. August vor Kiew bei einem Sturmangriff auf die

Treffen in Berlin-Neukölln. Heino, im Hans-Albers-Look, Berry, inzwischen Soldat, skeptisch in der Mitte: Maxe (1943)
Photo: H. H. Bauer

Groß-Destillation Zur

feindlichen Linien. Ich weinte. Es war mir egal, was meine Kameraden neben mir dachten. Warum gerade er und nicht ein überzeugter Nazi? Von ihm, dem begabten Musiker und Sänger, hatten wir die antifaschistischen Kampflieder der Internationalen Brigaden aus Spanien gelernt. Brechts Songs aus der »Hauspostille« wären uns vermutlich nicht erläutert worden, wir hätten sie nie gesungen. Er, der Kommunist, mußte sterben im Kampf gegen ein kommunistisches Land, gegen »Mütterchen Rußland«, das er so oft besungen hatte.

»Hasch« hatte es nach Nordafrika verschlagen, wo schon seit Anfang 1941 deutsche Truppen standen. Er schrieb regelmäßig, wir schickten ihm unsere Fahrtenberichte zurück.

»Haltet auf jeden Fall die Verbindung aufrecht. Ich denke oft an Euch, obwohl wir durch ein Meer getrennt sind. Unsinn, uns kann nichts trennen, wir haben zuviel Gemeinsames erlebt. Unser Korps ergibt sich nie, wir bleiben frei, alle wissen wie! Nutzt Eure Zeit aus. Die Zeit kommt schwer wieder, und wir müssen versuchen, soviel wie möglich hinüberzuretten...« So schrieb uns »Hasch« aus Afrika. Im Sommer 1942 fiel er dem unsinnigen Krieg zum Opfer. Am Wochenende nach der Todesmeldung zogen wir zu seinem Lieblingskohtenplatz. »Heia« las aus seinem letzten Brief, der für uns so etwas wie ein Vermächtnis war:

»Der Krieg hat uns alle auseinandergewirbelt. Glaubt nicht, daß wir dadurch auseinandergehen, selbst wenn man uns auf den entferntesten Fixstern verpflanzen würde. Viele werden denken, die Gruppe sei tot; wie, wenn sie nur schliefe...«

Eines Tages holte mich Conny zu einem Treffen in der Wohnung seiner Eltern. »Heia« war auch gekommen. Wir machten uns Tee, nach und nach erschienen Leute, die ich noch nie gesehen hatte. Sonja, Annemarie, Fritz, genannt »Remus«, und seine Verlobte Liane. Wir sprachen vom Krieg und seinen Auswirkungen, vom Elend der Zwangsarbeiter aus Polen und der Sowjetunion.

»Du bist der Berry von der Jungenschaft, wa?« wandte sich Remus an mich.

»Der bin ich«, antwortete ich etwas überrascht, da wir bisher nicht über unsere Gruppe gesprochen hatten.

 »Du bist doch Soldat. Du könntest helfen, den Krieg schneller zu

»Unser Korps ergibt sich nie, wir bleiben frei ...« – Besuch bei Hasch, der im Sommer 1942 in Nordafrika fiel: Heia, Hasch, Conny (1942)
Photo: H. H. Bauer

beenden. Eure Funker sollen mal Moskau oder London abhören. Dann wüßtet ihr die Wahrheit und auch, daß Hitler diesen Scheißkrieg verlieren wird.«
Ich blickte »Remus« ungläubig an. Dachte er vielleicht, ich sei ein Anhänger dieses Krieges oder gar Nazi?
»Sabotage ist das einzige Mittel, das hilft. Versuche, Granaten oder Geschützteile bei deiner Einheit zu zerstören, wenn du drankommst. Oder die Funkmeßgeräte und die Scheinwerfer. Egal was, jedes Gerät ist Kriegsgerät.« Er hatte recht, aber ich konnte seiner Aufforderung nicht folgen.
»Ich bin Obergefreiter bei einem Luftwaffenstab, ich komme an Geschütze oder Funkmeßgeräte nicht ran«, entgegnete ich ihm. Wir diskutierten noch mehrere Stunden über den Krieg.
»Hitler wird diesen Krieg verlieren, und mit ihm geht das Dritte Reich unter.« Fast pathetisch klang dieser Satz von »Remus«, wir stimmten ihm zu. Nach vielen Tassen Tee und noch mehr Zigaretten trennten wir uns. Ich sah »Remus« nie wieder. Am 29. November 1942 wurde er im Zuge der Verhaftungen von Mitgliedern einer Widerstandsgruppe um Harro Schulze-Boysen festgenommen. Im Januar 1943 wurde »Remus« zum Tode verurteilt und in Berlin-Plötzensee hingerichtet. Auch Liane, die bei unserer Teerunde im Sommer engagiert für Sabotage eingetreten war, wurde hingerichtet. Kurz zuvor hatte sie ein Kind zur Welt gebracht. Es kam in eine Nazi-Verwahranstalt.
Ich erfuhr von diesen Hinrichtungen erst sehr viel später, denn seit Herbst 1942 war ich in Nordafrika bei der 19. Flakdivision. Im März 1943 erhielt ich die Nachricht, meine Mutter sei von der Gestapo verhaftet worden. Erst dachte ich an meine eigene Festnahme. War diese Geschichte immer noch nicht erledigt? Aber mir war schnell klar, daß meine Mutter Opfer der Vernichtungspolitik der Nazis geworden war. Sie fiel unter die Nürnberger Rassengesetze.
Ich geriet in britische Gefangenschaft, nachdem es mich mit Hunderten von Bomben- und Granatsplittern in Rücken und Oberschenkel erwischt hatte. Lange Wochen lag ich in Lazaretten, bevor uns die US-Streitkräfte »übernahmen«. Über den Atlas und Casablanca wurden wir in die USA verschifft. Genau am 24. Dezember 1943 bekam ich von »Heia« meine erste Post aus der Heimat. Alle Freunde waren inzwischen »gezogen«, die meisten an der Ostfront. Ein paar Tage später bekam ich noch

Aus grauer Städte Mauern ... Kohte der illegalen Jungenschaft Berlin am hölzernen See (1943)
Photo: H. H. Bauer

einen Brief aus der Schweiz. Meine Freundin arbeitete beim luxemburgischen Konsulat und konnte unzensierte Briefe schreiben. Von ihr erfuhr ich, was mit meiner Mutter geschehen war. Am 23. August 1943 war sie in Auschwitz umgebracht worden. An »Herzmuskelschwäche verstorben« hieß es auf einem Formular. Obwohl meine Mutter evangelisch getauft, konfirmiert und getraut war, galt sie als Jüdin. Je unwahrscheinlicher der damals propagierte »Endsieg« wurde, desto brutaler wütete der antisemitische Rassenwahn.
In den letzten Monaten des Krieges starben noch viele meiner Freunde. Chrischan, Gunner, Charly, August und »Allah« fielen bei den Kämpfen um Berlin. Sascha hatte sich in sowjetischer Kriegsgefangenschaft dem »Nationalkomitee Freies Deutschland« angeschlossen und zog als LKW-Fahrer in russischer Uniform in Berlin ein. Im Januar 1946 kam auch ich zurück. Unsere Frankfurter »Garnison« wurde wieder eingerichtet, die »Hessische Jungenschaft« ins Leben gerufen, und Pfingsten 1946 hielten wir das erste große Lager in der Nähe unserer ehemaligen Hütte in Wüstems ab. Pit und »Spoy«, der eine aus Nürnberg, der andere aus Halle, waren dabei, und natürlich auch der Rest der Berliner dj. 1. 11, die nun in Westdeutschland wohnten.
Wir hatten überlebt, im Gegensatz zu vielen unserer besten Freunde. Unsere Idee wollten wir weitertragen, Fahrten machen und neue Gruppen aufbauen:

»Einmal wieder Kameraden
werden unsere Lieder klingen,
und wir werden singen, singen,
bis der letzte Stern erlischt.«

Carlotta Marchand – Opfer der nationalsozialistischen Judenpolitik

Die Geschichte der Judenverfolgung hat eine lange Tradition. Schon vor 2000 Jahren wurden Juden in bestimmte Berufe abgedrängt. Ihre heidnischen Konkurrenten bedienten sich in der zunächst rein wirtschaftlichen Auseinandersetzung zunehmend auch religiöser Diffamierungen. Die Religion der Juden sei der Grund, warum sie so »anders« seien, warum man mit ihnen keinen Handel treiben und nicht in Frieden auskommen könne. Die Juden, das »auserwählte Volk Gottes«, wie sie sich selber bezeichneten, standen bald außerhalb der Gesellschaft, sie wurden zu einer höchstens geduldeten Minderheit. Traten am Anfang nur lokale Konflikte auf, so entstanden mit der Ausbreitung des Christentums regelrechte antijüdische Gesetze. Die Christenheit kämpfte um die Durchsetzung ihres Glaubens und schreckte nicht davor zurück, das Judentum samt seiner religiösen Vorstellungen und Verhaltensweisen zu denunzieren. Christliche Moralisten und Prediger machten auch vor den jüdischen Gotteshäusern, den Synagogen, nicht halt: Sie wurden zu »Bordellen« und »Räuberhöhlen« degradiert.

Von Ambrosius, einem Mailänder Bischof des 4. Jahrhunderts nach Christus, wird gesagt, er habe die Synagogen der Juden in Brand stecken lassen, um den »Ort des Unglaubens, diese Heimstatt der Gottlosigkeit, diesen Schlupfwinkel des Wahnsinns« zu beseitigen.[1]

Aus einem ursprünglich guten Verhältnis zwischen beiden Religionen erwuchs ein mörderischer Verdrängungsprozeß, der in christlich »begründeten« antijüdischen Thesen endete. Die Juden hätten Jesus von Nazareth ans Kreuz geschlagen und seien deshalb die Feinde der Christen. Allenthalben war die unheilvolle Legende vom »Ewigen Juden« verbreitet worden. Dieser »Ewige Jude« – so sagt man – müßte, weil er Christus ans Kreuz geschlagen habe, unstet über die Erde wandern. Überall würde er kulturvergiftend und zersetzend wirken, Unheil stiften und die Nichtjuden belästigen. Christliche Wanderprediger heizten die antijüdische Stimmung unter den Gläubigen an, die infolgedessen bei ihren Übergriffen gegen Juden auch keinerlei Schuldgefühle hatten – schließlich geschah alles mit dem Segen ihrer Kirche. Aus der Religion der Nächstenliebe war längst eine des Schwertes geworden. In der Apostelgeschichte des Lukas liest sich das so:

> **»Ihr Männer von Israel, höret diese Worte: Jesum von Nazareth, den Mann, von Gott unter Euch mit Taten und Wundern und Zeichen erwiesen, welche Gott durch ihn tat unter Euch... denselben... habt Ihr genommen durch die Hände der Ungerechten und ihn angeheftet und erwürgt... Ihr Halsstarrigen und Unbeschnittenen an Herzen und Ohren... welchen Propheten haben Eure Väter nicht verfolgt? Und sie haben getötet die da zuvor verkündigten die Zukunft dieses Gerechten, dessen Verräter und Mörder Ihr nun geworden seid.«[2]**

Während der blutigen Kreuzzüge hatten die Christen in den Juden endlich jene gefunden, die der weltweiten Durchsetzung ihres Glaubens im Wege standen. Mit dem Segen ihrer Kirchenoberen begingen christliche Heerführer grausame Verbrechen, unternahmen militärische Feldzüge und unterdrückten Andersgläubige.[3] In Europa, wo viele Juden lebten, verschlechterte sich deren ökonomische Situation. Die »ehrbaren« Christenmenschen hatten sie aus ihren angestammten Berufen herausgedrängt. Juden galten überall als Sündenböcke. Wenn Feuersbrünste, Naturkatastrophen oder Dinge geschahen, die man sich nicht sofort erklären konnte, kam es bald darauf in den Ghettos der Juden zu Pogromen, Brandstiftungen oder Plünderungen.

Im Mai 1267 wurde in der Pfarrkirche zu St. Stefan in Salzburg ein Provinzial-Konzil abgehalten. Dort beschloß man, daß Juden andere Kleidung als Christen zu tragen hätten und den »gehörnten Hut« wieder aufsetzen sollten. Man verbot ihnen den Besuch christlicher Badehäuser und Gaststätten. Schließlich durften Juden keine christlichen Diener, Ammen oder Mägde mehr haben. Strengster Gewahrsam wurde dem angedroht, der mit einer Christin bei einem »Unzuchtvergehen« ertappt wurde. Die Frau, die einen »verfluchten« Beischlaf erwählt habe, sei durch die Stadt zu peitschen und ohne Hoffnung auf Rückkehr gänzlich herauszutreiben. Christen wurde es grundsätzlich verboten, bei Juden einzukaufen oder mit ihnen gemeinsam zu essen.[4] Rund 250 Jahre später machte sich Martin Luther daran, die Kirche zu reformieren. Er attackierte die starren Dogmen des Papstes in

Rom und zweifelte an dessen Unfehlbarkeit. Luther übersetzte die Bibel und verfaßte Streitschriften und Traktate. Seine deutliche, manchmal vulgäre Sprache hat ihn berühmt gemacht. 1543 schrieb er das Pamphlet »Von den Juden und ihren Lügen«. Dort machte Luther »Vorschläge«, wie man die Juden zu behandeln hätte:

> **»Erstlich, daß man ihre Synagoga oder Schule mit Feuer anstecke und was nicht verbrennen will, mit Erde überhäufe und beschütte, daß kein Mensch einen Stein oder Schlacke davon sehe ewiglich...**
> **Zum anderen, daß man auch ihre Häuser desgleichen zerbreche und zerstöre...**
> **Zum sechsten, daß man ihnen den Wucher verbiete und nehme alle Barschaft und Kleinode an Silber und Gold und lege es beiseite zu verwahren...**
> **Zum siebten, daß man den jungen, starken Juden und Jüdinnen in die Hand gebe Flegel, Axt, Karst, Spaten, Rocken, Spindel und lasse sie ihr Brot verdienen im Schweiß der Nasen, wie Adams Kindern auferlegt ist...**
> **Gottes Zorn ist groß über sie, daß sie durch sanfte Barmherzigkeit nur ärger und ärger, durch Schärfe aber wenig besser werden. Drum immer weg mit ihnen...**
> **Summa, lieben Fürsten und Herren, so Juden unter sich haben, ist euch solcher mein Rat nicht genehm, so trefft einen besseren, daß ihr und wir alle der unleidlichen, teuflischen Last der Juden entladen werden... Ein solch verzweifelt, durchböset Ding ist's um diese Juden, so diese 1400 Jahre unsere Plage, Pestilenz und alles Unglück gewesen sind und noch sind.«**[5]

Auf diesen religiösen und sozialen Vorurteilen basiert der neuzeitliche Antisemitismus. Die Lektüre des Textes von Martin Luther läßt vieles von dem ahnen, was später im »Dritten Reich« Realität wurde. Die antijüdischen »Maßnahmen« konnte man sich dort abgucken. Gegen Ende des 19. Jahrhunderts kam allerdings ein rassenideologischer Aspekt hinzu. Gestützt auf angeblich wissenschaftliche Erkenntnisse wurde den Juden nun auch rassische »Minderwertigkeit« unterstellt. Ihr Blut und daraus folgend ihr Charakter sei schlechter als der von »Ariern«. Der Begriff »Arier« taucht zum erstenmal im 15. Jahrhundert vor Christus auf: So wurde eine staatstragende Adelsschicht im Staat Mitanni bezeichnet. Mitanni lag etwa dort, wo heute Syrien, Iran und Irak liegen. »Arier« nannte man auch die Völker eines

Zweiges des indogermanischen Sprachraums; z. B. die Perser oder Inder, die während der Völkerwanderung im 12. Jahrhundert v. Chr. in das nördliche Gebiet des heutigen Indien einwanderten. Wissenschaftlich betrachtet war der Begriff »Arier« eine ethnologische Bezeichnung für bestimmte frühere Völker, die einer gemeinsamen Sprachgruppe angehörten.

Nun wurden die Germanen als »Arier« den Persern, Griechen, Indern und Römern gleichgestellt. Mehr noch: den Germanen fiel in dieser Ideologie die Rolle zu, die abendländische Kultur der »alten Völker« zu bewahren, zu verteidigen und weiterzuentwickeln. Die Rassenideologie behauptete, die »arischen« Germanen wären andere Rassen in allen Belangen überlegen. Während »arische« Rassen angeblich kulturschöpferisch waren, zerstörten die anderen alle Kultur. Während die einen tapfere Helden und ehrliche Kameraden waren, wurden die anderen als Feiglinge und Betrüger, als Nichtsnutze und Parasiten abqualifiziert.

»Die Juden sind die Parasiten meines Landes. Sie sollten ausgemerzt werden«,

so hat Kaiser Wilhelm II. 1907 über die Juden im Deutschen Reich geurteilt.[6] Aber auch vorher wurde der in der Bevölkerung vorhandene Antisemitismus immer wieder dazu benutzt, von sozialen, politischen oder wirtschaftlichen Mißständen abzulenken. Die Juden in Deutschland mußten wieder als Sündenböcke herhalten.[7] Der »spontan« aufflammende Judenhaß während der NS-Zeit – der von Staats- und Parteistellen stets wohl organisiert wurde – basierte auf diesem uralten Antisemitismus. Zwischen 1933 und 1945 wurde dieses bis zum Völkermord reichende Vorurteil allerdings zur Staatsdoktrin erhoben. Ein Biologiebuch aus dem Jahr 1941 beispielsweise bot Schülern für höhere Schulen folgende wissenschaftlich unhaltbare Definition des Begriffs »arisch«:

»Für die Gesamtheit der im deutschen Volke unter dem bestimmenden Einfluß der Nordischen Rasse vereinigten eigenrassigen Bestandteile verwendet man den Ausdruck ›arisch‹. Arischer Abstammung ist also ein Mensch, der frei von anderem (fremdem) Rassenerbgut (›Blut‹) ist. Als fremd gelten außer den Juden alle eingeborenen Rassen der nicht-europäischen Erdteile sowie die Zigeuner.«[8]

Der Antisemitismus im NS-Deutschland war rassistisch »begründet«. In den Juden wurden die »Weltvergifter« gesehen. Mithin waren sie die ärgsten Feinde Deutschlands, deren Vernichtung nichts weiter als ein Akt der Notwehr zu sein schien – das behauptete jedenfalls die damalige NS-Propaganda. Hitler bezeichnete die »Entfernung der Juden überhaupt« als »Antisemitismus der Vernunft« und verpflichtete in einem »Testament« vom 29. April 1945 seine Nachfolger zur »peinlichsten Einhaltung der Rassengesetze und zum unbarmherzigen Widerstand gegen die Weltvergifter aller Völker – das internationale Judentum«.[9]

Wie weit die perversen Vorstellungen von NS-Rassenfanatikern gehen konnten, zeigen die antisemitischen Ausbrüche von Julius Streicher, der das Hetzblatt »Der Stürmer« herausgab. Allwöchentlich konnte man dort üble Propaganda lesen, die wiederzugeben nicht lohnt. Es gab kaum eine Ausgabe, in der nicht von der angeblichen »Schändung« deutscher Frauen durch Juden die Rede war. Das gipfelte in der zwar idiotischen, aber als »wissenschaftlich« verkauften Behauptung Streichers, die Scheide einer Frau werde durch »jüdischen Samen« derart »imprägniert«, daß die Geburt eines »reinblütigen Ariers« fortan unmöglich sei.[10] Und all diese ungeheuren Vorstellungen waren ernst gemeint, sie wurden in die Praxis umgesetzt. Sofort nach der Machtübertragung an Hitler, am Abend des 30. Januar 1933, begann die antijüdische Politik in Deutschland.

Am 1. April 1933 werden sämtliche jüdischen Geschäfte boykottiert, vor den Eingangstüren stehen SA-Posten und schikanieren Passanten; organisierte Sprechchöre skandieren: »Kauft nicht beim Juden.« Gut drei Wochen später, am 25. April, wird die 1. Durchführungsverordnung zum »Gesetz gegen die Überfüllung deutscher Schulen und Hochschulen« erlassen. Von nun an dürfen nur noch 5 % aller Schülerinnen und Schüler einer Schule »nicht-arischer« Abstammung sein, bei Neuaufnahmen nur noch 1,5 %. Mitte Juli 1933 regelt ein Gesetz rückwirkend bereits bewilligte Einbürgerungen und Aberkennungen der deutschen Staatsbürgerschaft. Es richtet sich vor allem gegen die nach dem Ersten Weltkrieg eingewanderten Juden aus Osteuropa. Am 15. September 1935 wird das »Gesetz zum Schutz des deutschen Blutes und der deutschen Ehre« verkündet: Eheschließungen zwischen »Ariern« und Juden sind jetzt verboten, »außerehelicher Geschlechtsverkehr« zwischen ihnen wird unter hohe Strafe gestellt. Zwei Monate später wird den Juden das Wahlrecht aberkannt. Am 17. August 1938 verfügt die »Verordnung zur Durchführung des Gesetzes über die Änderung von Familien- und Vornamen«, daß alle Juden den Zwangsvornamen »Sara« und »Israel« zu führen haben. Anfang Oktober desselben Jahres werden die Pässe aller Juden eingezogen, mit einem »J« gestempelt und wieder ausgegeben. In der Nacht vom 9. auf den 10. November 1938 brennen im ganzen Deutschen Reich die jüdischen Gotteshäuser, Geschäfte werden demoliert, Wohnungen geplündert und in Brand gesteckt. 91 Juden werden getötet, rund 30 000 in Konzentrationslager verschleppt. Einen Tag später wird ihnen die Zahlung von 1 Milliarde Reichsmark als »Sühneleistung« wegen angeblich anhaltend »feindlicher Haltung gegenüber dem deutschen Volk und Reich« auferlegt. Man »beruft« sich dabei auf den Mordanschlag von Herschel Grynszpan auf den Gesandtschaftsrat vom Rath in Paris am 7. November 1938. Am 28. November wird mit einer Polizeiverordnung das »Auftreten von Juden in der Öffentlichkeit» eingeschränkt. Ein halbes Jahr später regelt das »Gesetz über Mietverhältnisse mit Juden« die Einrichtung sogenannter »Judenhäuser«; gesetzlicher Kündigungsschutz besteht nicht mehr. Ab September 1939 dürfen Juden im Sommer nur noch bis 21.00 Uhr, im Winter bis 20.00 Uhr das Haus verlassen. Drei Wochen später werden alle Rundfunkgeräte in jüdischen Haushalten beschlagnahmt. Am 1. September 1941 wird der sechseckige, gelbe »Judenstern« eingeführt, den alle Juden von nun an sichtbar zu tragen haben.

Mitte Oktober desselben Jahres werden die ersten Deportationsbefehle für Juden aus dem »Altreich« ausgestellt. Eine Woche später wird deren Ausreise generell verboten. Ende Dezember 1941 beginnen die ersten Massenhinrichtungen in Chelmno. In Berlin findet am 20. Januar 1942 die sogenannte »Wannsee-Konferenz« statt, bei der die völlige Vernichtung des europäischen Judentums, die sogenannte »Endlösung« beschlossen wird. Bis April 1942 müssen alle jüdischen Wohnungen gekennzeichnet sein, Juden dürfen keine öffentlichen Verkehrsmittel mehr benutzen. Im Juni 1942 beginnen die Massenvergasungen in Auschwitz. Ab Juni 1942 bleiben alle jüdischen Schulen geschlossen, kurz darauf werden Juden aus Konzentrationslagern, die sich auf deutschem Gebiet befinden, in die Vernichtungslager auf polnischem Territorium gebracht. Am 1. Juli 1943 werden alle Juden durch eine Verordnung zum »Reichsbürgergesetz« unter Polizeirecht gestellt. Bis Ende Oktober 1944 werden in Auschwitz und anderswo Juden vergast. Die Gesamtzahl der Opfer: etwa 6 Millionen.[11]

Die Verfolgung der Juden und schließlich ihre Vernichtung fand zeitgleich mit der Verfolgung anderer, vor allem politischer Gegner des »Dritten Reiches« statt. Kommunisten, Sozialdemokraten, Gewerkschafter, aber auch Geistliche, Homosexuelle, Roma und Sinti, sogenannte »Asoziale« und »Arbeitsscheue«, sie alle standen auf den Listen der Gestapo, wurden überall gejagt und verhaftet. Mit Beginn des Zweiten Weltkrieges am 1. September 1939 wurden die Fluchtmöglichkeiten immer geringer. In welches Land sollte man flüchten? Die Deutschen hatten sich in beinahe ganz Europa festgesetzt. Getreu der Idee, daß die »Arier« die Vorherrschaft zumindest in Europa, und wenn möglich auch auf der ganzen Welt haben sollten, übten Deutsche ihre Terrorherrschaft überall dort aus, wo sie ein Land besetzt hatten.

Dem Zweiten Weltkrieg, der mit dem Überfall auf Polen am 1. September 1939 begann und erst am 8. Mai 1945 mit der bedingungslosen Kapitulation der deutschen Wehrmacht endete, fielen ungefähr 58 Millionen Soldaten und Zivilisten zum Opfer. Weitere 45 Millionen Menschen in aller Welt wurden körperlich oder materiell durch den Krieg geschädigt.[12] Aus deutscher Sicht diente dieses weltweite Blutbad vor allem zwei Zielen.

Zum einen sollte »Lebensraum«, wie man das damals nannte, im Osten Europas geschaffen werden. Zu viele Deutsche lebten angeblich auf zu kleinem Gebiet. Um zu überleben, müsse daher neues Gebiet annektiert werden. Den Menschen, die in den besetzten Ländern im europäischen Osten lebten, hatte man dabei eine vollkommen untergeordnete Rolle zugedacht. Mitte Juli 1941, kurz nach dem Angriff deutscher Truppen auf die Sowjetunion, wurde ein sogenannter »Generalplan Ost« diskutiert. Dieser Generalplan sah eine deutsche Besiedlung Polens, des Baltikums, Weißrutheniens und weiter Teile der Ukraine innerhalb der nächsten 20 Jahre vor. 31 Millionen Einheimische sollten bis 1970 nach Westsibirien vertrieben werden, lediglich rund 14 Millionen sogenannte »gutrassige» Menschen sollten in ihrer Heimat bleiben dürfen.[13] Aber auch sie sollten gemäß der

NS-Ideologie nur eine Art Sklaven für die deutschen »Herrenmenschen« sein.

Juden hatten in diesem »Besiedlungsprogramm« keinen Platz, sie existierten schon gar nicht mehr. Damit ist auch der zweite »Grund« für den Krieg genannt: Die Vernichtung des europäischen Judentums. Von überall wurden jüdische Männer, Frauen und Kinder in die Vernichtungslager verschleppt. Nach der Wehrmacht kamen Einsatzkommandos, die Jagd auf Juden machten – manchmal auch mit Unterstützung oder Wissen der Wehrmacht.

Die meisten Juden waren sich der lebensbedrohlichen Situation sehr bald bewußt. Viele von ihnen suchten schon in den ersten Monaten des »Dritten Reiches« das Weite. Nicht selten begann für sie eine Odyssee durch die halbe Welt, bevor sie sicher sein konnten, ihren Mördern entwischt zu sein. Rund 40 000 Deutsche jüdischer Herkunft verließen 1933 ihre Heimat. Nur 20 % von ihnen gingen nach Palästina, rund ¾ emigrierten in eines der europäischen Nachbarländer. Die Auswanderungszahlen blieben bis 1937 relativ konstant bei 25 000 pro Jahr. 1938 schnellte die Zahl, nicht zuletzt wegen des reichsweiten Novemberpogroms in Deutschland, noch einmal in die Höhe, bevor im Oktober 1941 die Ausreise grundsätzlich verboten wurde.

Rund 50 000 Juden aus Deutschland und Österreich, das ja seit März 1938 an das »Großdeutsche Reich« angeschlossen war, emigrierten nach Holland.[14] Holland schien für Juden aus dem deutschen Sprachraum wohl deshalb so interessant, weil viele kulturelle und gesellschaftliche Gepflogenheiten ihres neuen Aufenthaltsortes an die alte Heimat erinnerten. In manchen Stadtteilen entstanden deutsche Enklaven mit entsprechenden Läden und Restaurants. Es gab ein vielfältiges deutschsprachiges Kulturangebot, deutsche Bücher wurden in Holland verlegt – vornehmlich von jenen Schriftstellern, die in Deutschland nicht mehr »erwünscht« waren: Bert Brecht, Thomas Mann, Stefan Zweig und andere. Berühmte Filmregisseure wie Max Ophüls machten in Holland für einige Zeit Station. In Deutschland verpöntes Theater und Kabarett wurde mit großem Erfolg vor deutschem und holländischem Publikum gespielt. Wissenschaftler verschiedenster Disziplinen flüchteten vor den Nazi-Häschern nach Holland. Viele Emigranten trafen sich in einem deutsch-jüdischen Kulturzentrum in Amsterdam oder besuchten Sprachkurse und Informationsveranstaltungen, um sich für ihr Leben in Palästina oder der »neuen Welt« in Amerika zu rüsten.

Bei vielen machte sich das Gefühl breit, Deutschland eigentlich nicht richtig verlassen zu haben. Von Amsterdam nach Hamburg waren es ja nur ein paar Stunden mit dem Zug. Irgendwie gehörte man immer noch dazu, die heimatlichen Gefühle rissen nie ganz ab, zumal fast alle Emigranten Deutschland nicht gerne und schon gar nicht freiwillig verlassen hatten.

Die holländische Öffentlichkeit begegnete den Emigranten aus dem Nachbarstaat mit zwiespältigen Gefühlen. Zwar hießen sie die Flüchtlinge willkommen, weil sie um die Zustände in Deutschland Bescheid wußten. Aber die Einwanderer blieben eben doch Deutsche, sie sprachen deutsch, hielten deutsche Sitten aufrecht, einige verherrlichten nach wie vor die alte Heimat, obwohl sie nun wirklich keinen Grund mehr dazu hatten. Das weckte in Holland so manches alte Ressentiment gegenüber dem östlichen Nachbarn. Auch ökonomisch stellten die Flüchtlinge ein Problem dar. Die niederländische Wirtschaft kämpfte immer noch mit den Auswirkungen der Weltwirtschaftskrise von 1929 – wie sollten da auch noch ausländische Arbeitsuchende in die Wirtschaft integriert werden? Die holländische Regierung wollte zunächst erreichen, daß möglichst viele Einwanderer Holland nur als Durchgangsstation auf dem Weg in die Vereinigten Staaten betrachteten und das Land bald wieder verließen. Ihre Einwanderungspolitik wurde immer rigider, Aufenthaltsgenehmigungen wurden nur noch mit strikten Auflagen erteilt, illegale Flüchtlinge sofort abgeschoben oder in Internierungslager gebracht. 1938 bezeichnete eine Regierungsverordnung die Einwanderer als »unerwünschte Elemente«.

Ende 1938, als nach dem Novemberpogrom in Deutschland auch im Ausland klar wurde, daß für Juden tatsächlich akute Lebensgefahr bestand, änderte sich die holländische Asylpolitik. Nach massiven öffentlichen Protesten durften 8000 Juden aus Deutschland und Österreich einreisen. Die Regierung bestand jedoch darauf, alle Flüchtlinge zunächst in ein Internierungslager einzuweisen. Eines dieser Lager stand in Westerbork. Von dort wurden später die Deportationszüge in die östlichen Vernichtungslager zusammengestellt. Aber der Schutz, den die Juden in Holland fanden, währte nicht sehr lange. Am 1. September 1939 hatte das »Dritte Reich« mit dem Angriff auf Polen den Zweiten

Weltkrieg begonnen. Nur fünf Wochen dauerten die Kämpfe, dann kapitulierte die polnische Armee. Seit Oktober 1939 stand Hitlers »Entschluß« fest, bald auch gegen Frankreich zu Felde zu ziehen. Anfang April 1940 griff die deutsche Wehrmacht Dänemark und Norwegen an. Auch dieser Angriff wurde rasch und »siegreich« beendet.

Am frühen Morgen des 10. Mai 1940 marschierten deutsche Truppen ohne vorherige Kriegserklärung in Belgien, Luxemburg und Holland ein. Bereits wenige Stunden nach Beginn der Kampfhandlungen war die niederländische Luftwaffe ausgeschaltet. Drei Tage später begann der Kampf um Rotterdam, der mit einer Bombardierung durch die deutsche Luftwaffe blutig beendet wurde. Obwohl die Übergabeverhandlungen bereits begonnen hatten, wurden die Bomben abgeworfen, die weite Teile der Altstadt Rotterdams vernichteten. Die Bomberverbände waren von den Verhandlungen nicht mehr in Kenntnis gesetzt worden. Angesichts der aussichtslosen Lage unterzeichnete der holländische Oberbefehlshaber am 15. Mai 1940 die Kapitulationsurkunde.[15]

Innerhalb weniger Tage war dieser ungleiche Kampf zugunsten der Deutschen entschieden, waren die Niederlande besetzt. Die holländische Königsfamilie war kurz zuvor ins Exil nach London geflüchtet. Acht Tage nach Beginn des Überfalls wird mit Arthur Seyß-Inquart ein Österreicher sogenannter »Reichskommissar« in den Niederlanden. Seyß-Inquart hatte sich schon in der Alpenrepublik einen Namen gemacht. Er gehörte zu jenen Nationalsozialisten, die den Einmarsch der deutschen Truppen in Österreich maßgeblich mit vorbereitet hatten. Direkt nach der militärischen Intervention im März 1938 drückte Seyß-Inquart im österreichischen Parlament ein Gesetz durch, wonach das Land seine Existenz aufgab und deutsche Provinz wurde. Zum Dank für seine Mithilfe wurde er kurz danach zum »SS-Obergruppenführer« ernannt und blieb bis 1939 als »Reichsstatthalter« in Österreich, das jetzt »Ostmark« hieß.

Von Mai 1940 bis Anfang 1945 war Arthur Seyß-Inquart der mächtigste Mann in Holland. Er war verantwortlich für die Deportationen holländischer Arbeiter in deutsche Rüstungsfabriken – rund 5 Millionen Männer wurden zur Zwangsarbeit nach Deutschland verschleppt. Er sorgte für die Deportation von ungefähr 117 000 holländischen Juden in die Vernichtungslager nach Polen, darunter zahlreiche Flüchtlinge, die vorher nach Holland eingewandert waren. Auf Seyß-Inquarts Initiative wurden die holländischen Juden, die in sogenannter »Mischehe« mit einem Nicht-Juden lebten, vor die Wahl gestellt, entweder nach Auschwitz deportiert zu werden oder sich zwangsweise sterilisieren zu lassen. Im Februar 1944 wurde die Hälfte aller Jüdinnen und Juden, die in einer solchen »Mischehe« lebten, deportiert. Seyß-Inquart herrschte mit grausamer Brutalität. Er belegte Städte, in denen Widerstandskämpfer vermutet wurden, mit Kollektivstrafen oder überzog ganze Ortschaften und Städte mit unvorhersehbaren Razzien. Wie viele Menschen seine Opfer wurden, läßt sich heute nicht mehr genau ermitteln. Das Nürnberger Kriegsgericht jedenfalls verurteilte Seyß-Inquart zum Tode wegen Geiselerschießungen, Deportationen von Juden und anderer Verbrechen. Er wurde am 16. Oktober 1946 hingerichtet.[16]

Dennoch haben zumindest in den Anfangsjahren der Besatzung die holländischen Behörden relativ gut mit den Deutschen zusammengearbeitet. Das ging zurück auf eine Regierungsanweisung aus dem Jahr 1937. Sämtliche Beamte hatten einen verschlossenen Umschlag im Schreibtisch, der erst im Falle einer Invasion geöffnet werden durfte. Darin waren die genauen Modalitäten einer Kollaboration, der Zusammenarbeit mit dem Feind also, festgelegt. Die Staatsbediensteten sollten im Interesse aller holländischen Bürger auf jeden Fall die Strom- und Wasserversorgung sichern, den Betrieb von Krankenhäusern und Rettungsdiensten aufrechterhalten und den Einsatz von Polizei und Feuerwehr garantieren.

Zunächst blieb für die Mehrheit der holländischen Bevölkerung nach dem Einmarsch der deutschen Truppen im Mai 1940 alles beim alten, wenn man von nächtlichen Ausgangssperren und zunehmenden Lebensmittelrationierungen absieht. Je mehr nationalsozialistische Vorstellungen den Holländern aber aufgezwungen wurden, desto mehr wuchs auch der Unmut in der Bevölkerung. Die holländischen Nationalsozialisten, die vor dem Krieg zu den fünf größten Parteien gehörten, büßten zwischen 1935 und 1942 mehr als 40 % ihrer Anhänger ein.[17] Die wirtschaftliche Mobilmachung für den »totalen Krieg« und die Einführung der Zwangsarbeit ließen die Stimmung in Holland rasch und radikal umschlagen. Der Haß auf die Besatzer wurde nicht nur durch die Besatzung geschürt. Tag und Nacht, Woche für Woche, Jahr um Jahr rollten vor den Augen der geschwächten Menschen Güterzüge und Lastwagen nach Deutschland. Sie waren vollgepackt mit jenen Dingen, die im eigenen Land immer teurer und knapper wurden – vor allem mit Lebensmitteln, die man in Holland am dringendsten brauchte. Die Einführung der antijüdischen Gesetze nach deutschem Vorbild führte dazu, daß sich das Verhältnis zu den Besatzern weiter verschlechterte.

Im Oktober 1940 müssen sich alle jüdischen Geschäftsinhaber registrieren lassen; ihre Geschäfte sind jetzt von außen sichtbar gekennzeichnet. Anfang Januar 1941 werden alle jüdischen Personen registriert, man zählt 140 500 Juden, 14 500 sogenannte »Halbjuden«, bei denen nur ein Elternteil jüdischer Herkunft ist, und 6000 sogenannte »Vierteljuden«, die einen jüdischen Großelternteil haben.[18] In den folgenden Monaten kommt es im ganzen Land zu Pogromen. Holländische Nationalsozialisten und aufgewiegelter Mob plündern jüdische Geschäfte, verprügeln ihre Besitzer und demolieren die Synagogen.

Trotz oder vielleicht wegen dieser Situation gab es in Holland viele, die den Verfolgten des NS-Staates halfen. In Kellerräumen, abgelegenen Landhäusern, auf Bauernhöfen, bei befreundeten Familien, überall fanden sich Verstecke. Ein Klima der Solidarität wuchs. Gleichzeitig aber bedienten sich Gestapo, SS und Polizei auch ihrer Opfer selbst, um den geplanten Völkermord durchzuführen.

Ab Februar 1941 werden – wie in allen besetzten Ländern – in Holland auf Befehl der deutschen Behörden sogenannte »Judenräte« gegründet. Sie haben die Aufgabe, Befehle und Anordnungen der Besatzungsmacht weiterzuleiten und deren Durchführung zu überwachen. Der »Judenrat« bekommt einen eigenen Ordnungsdienst, eine besonders gekennzeichnete jüdische Polizei, er organisiert den Unterricht an jüdischen Schulen und die berufliche Weiterbildung der Erwachsenen. Er führt Sozialdienste für Alte und Kranke ein. Zudem gibt der »Judenrat« in Holland das »Jüdische Wochenblatt« heraus. Im Februar 1942 sind rund 15 000 Menschen für den »Judenrat« tätig. Zweifellos wird so manches durch ihre Arbeit erträglicher. Dennoch liegt über dem »Judenrat« ein schlimmer Schatten. Werner Rings beschreibt ihn so:

»Natürlich verschwieg das Jüdische Wochenblatt in Holland die Razzien, die Massenverhaftungen, die Deportationen, die kaum faßbaren Nachrichten von den Massenmorden im Osten, von der wahren Bedeutung der angeblich harmlosen ›Umsiedlungsaktionen‹. Und so trug der Judenrat selbst dazu bei, daß die Wahrheit in falschen Hoffnungen, in verlogener Sicherheit unterging. Die Verantwortlichen, vielleicht die einzigen, die die volle Wahrheit kannten, luden sich damit die erdrückende moralische Last, den unerträglichen Gedanken der Komplizenschaft auf ihre eigenen Schultern ... Im Januar 1943 mußte die jüdische Ordnungspolizei in Holland den Abtransport von Geisteskranken und zurückgebliebenen Kindern übernehmen, im Mai in Amsterdam an Razzien und Massenverhaftungen teilnehmen. Im September kam der Judenrat selbst an die Reihe.«[19]

Aber es gab in Holland auch organisierten Widerstand gegen die Besatzer. Mehr als 1000 Widerstandszeitungen wurden hergestellt. In geheimen Verstecken liefen Druckmaschinen für Handzettel und Plakate, fälschten illegale Gruppen Ausweispapiere und organisierten Fluchthilfe ins rettende Ausland. Am 29. Juni 1940, dem 29. Geburtstag des niederländischen Prinzen Bernhard, trugen Männer, Frauen und Kinder im ganzen Land eine Nelke, die Lieblingsblume des Prinzen, im Knopfloch oder im Haar. Es war ein symbolischer Widerstand gegen die Deutschen. Im Februar 1941 kam es zum ersten Generalstreik in den holländischen Industriezentren, der drei Tage jede Produktion lahmlegte. Die kommunistische Widerstandszeitung »Waarheid« veröffentlichte einen Aufruf unter der Überschrift »Laßt Eure Finger von unseren Juden«. Die Antwort ließ nicht lange auf sich warten: eine schwer bewaffnete Landser-Truppe durchkämmte das alte Viertel von Amsterdam und verhaftete willkürlich angeblich Verdächtige. Aber die Widerstandsbewegung blieb aktiv, organisierte Sprengstoffanschläge auf Bahnanlagen oder andere »kriegswichtige« Einrichtungen. Die Niederlande waren für die Deutschen zum Feindesland geworden. Im September 1944 riefen die Eisenbahner einen Generalstreik aus, der die Landung alliierter Fallschirmregimenter auf dem europäischen Festland unterstützen sollte. Der Streik war mit der holländischen Exilregierung in London und mit dem Oberkommando der alliierten Streitkräfte abgesprochen. Die daraufhin von den Deutschen verhängte Verkehrsblockade beschwor eine katastrophale Hungersnot herauf. In diesem »Hungerwinter« starben rund 15 000 Menschen.[20]

Währenddessen gelten immer mehr deutsche Gesetze auch in Holland. Ab Frühjahr 1941 werden die Bürgerrechte für Juden eingeschränkt. Sie dürfen nicht mehr reisen, keine öffentlichen Ämter bekleiden, sie verlieren ihre Positionen im kulturellen, sozialen und wirtschaftlichen Leben des Landes. Jüdische Kinder dürfen ab August 1941 keine öffentliche Schule mehr besuchen. Ab Mai 1942 müssen auch holländische Juden das gelbe Sechseck, den »Judenstern«, tragen. Die deutschen »Gesetze« waren dafür die Grundlage:

Verordnung des Beauftragten für den Vierjahresplan zur Ausschaltung der Juden aus dem Wirtschaftsleben vom 12. November 1938

§ 1

1. Juden ist vom 1. Januar 1939 ab der Betrieb von Einzelhandelsverkaufstellen, Versandgeschäften oder Bestellkontoren sowie der selbständige Betrieb eines Handwerks untersagt.
2. Ferner ist ihnen mit Wirkung vom gleichen Tage verboten, auf Märkten aller Art, Messen oder Ausstellungen Waren oder gewerbliche Leistungen anzubieten, dafür zu werben oder Bestellungen darauf anzunehmen.

§ 2

2. Ist ein Jude als leitender Angestellter in einem Wirtschaftsunternehmen tätig, so kann ihm mit einer Frist von sechs Wochen gekündigt werden...

Polizeiverordnung über das Auftreten der Juden in der Öffentlichkeit vom 28. November 1938

§ 1

Die Regierungspräsidenten... können Juden deutscher Staatsangehörigkeit und staatenlosen Juden räumliche und zeitliche Beschränkungen des Inhalts auferlegen, daß sie bestimmte Bezirke nicht betreten oder sich zu bestimmten Zeiten in der Öffentlichkeit nicht zeigen dürfen.

Anordnung des Chefs der Deutschen Polizei über die Entziehung der Fahrerlaubnis vom 3. Dezember 1938

Aus allgemeinen sicherheitspolizeilichen Gründen und zum Schutze der Allgemeinheit untersage ich mit sofortiger Wirkung sämtlichen in Deutschland wohnenden Juden deutscher Staatsangehörigkeit das Führen von Kraftfahrzeugen aller Art und entziehe ihnen hiermit die Fahrerlaubnis.

Polizeiverordnung zur Einführung des Judensterns vom 9. Januar 1941

§ 1

1. Juden, die das sechste Lebensjahr vollendet haben, ist es verboten, sich in der Öffentlichkeit ohne einen Judenstern zu zeigen.
2. Der Judenstern besteht aus einem handtellergroßen, schwarz ausgezogenen Sechsstern aus gelbem Stoff mit der schwarzen Aufschrift »Jude«. Er ist sichtbar auf der linken Brustseite des Kleidungsstücks fest aufgenäht zu tragen.

§ 2

Juden ist es verboten,

a. den Bereich ihrer Wohngemeinde zu verlassen, ohne eine schriftliche Erlaubnis der Ortspolizeibehörde bei sich zu führen;
b. Orden, Ehrenzeichen und sonstige Abzeichen zu tragen.[21]

Die öffentliche Diskriminierung und Entrechtung der Juden war »juristisch« abgesichert. Die willkürlich verhaftenden Beamten hatten »Recht und Gesetz« auf ihrer Seite, das zwar zum vollständigen Unrecht verdreht worden war, aber Gültigkeit hatte. Jetzt half nur noch fliehen oder verstecken und darauf hoffen, nicht entdeckt zu werden. Fast drei Jahre dauerte diese Situation.

Im Juli 1942 beginnen die Deportationen von Juden aus Holland nach Sobibor und Auschwitz. Bis Ende des Jahres werden 38 500 jüdische Männer und Frauen in den Gaskammern getötet. Allein in den ersten drei Monaten des Jahres 1943 werden 35 000 Juden deportiert und in Sobibor vernichtet. Insgesamt fallen mindestens 105 000 Juden aus Holland in die Hände der Gestapo – das sind 75 % aller holländischen Juden. Sie werden bis Ende 1944 umgebracht. Etwa 7000 überleben in geheimen Verstecken der Widerstandsbewegung oder bei Freunden, nahezu 5000 überstehen die Lager, und etwa 8000 bleiben als Partner einer sogenannten »Mischehe« am Leben.

Carlotta Marchand hat überlebt. Ich lernte sie 1987 auf der Frankfurter Buchmesse kennen. Ein Zufall, sie suchte den Stand eines Verlages und fragte mich nach dem Weg. Wir kamen ins Gespräch. Eine vielbeschäftige Frau, stellte ich fest, die zwischen Den Haag und eigentlich allen Städten der Bundesrepublik pendelt und Vorträge hält. Carlotta Marchand gehört zu jenen Menschen, die es gelernt haben, über ihre schrecklichen Erinnerungen zu sprechen. Sie will den Nachgeborenen etwas davon vermitteln, sie vor einer Wiederholung warnen. Dabei verzichtet sie aber darauf, den moralisierenden Zeigefinger zu erheben und die Deutschen pauschal zu beschuldigen.

Als sie zum ersten Mal vor der Oberstufenklasse eines Gymnasiums saß, spürte sie eine Wand der Gleichgültigkeit und Ablehnung. Bei Diskussionsveranstaltungen hörte sie oft bagatellisierende Entschuldigungen für die Generation der Großeltern, aber sie machte weiter. Dabei ist Carlotta Marchand nicht freiwillig dazu gekommen, ihre Geschichte aufzuschreiben.

1973 hatte sie einen schweren Unfall; nachfolgende Operationen zwangen sie lange ans Bett, Krankenhausaufenthalte waren fünf Jahre lang an der Tagesordnung. »Welche Krankheiten sind in Ihrer Familie bekannt?« oder Fragen nach Geburts- und Todesdaten von Eltern und Geschwistern ließen ihre sorgsam aufgebaute psychische Verdrängung wie ein Kartenhaus in sich zusammenbrechen. »Kerngesund» beantwortete sie die erste Frage und die zweite mit »Vergast, vergast, vergast!« Durchwachte Nächte in kahlen Krankenzimmern brachten ihr die eigene Geschichte in detaillierter Genauigkeit in Erinnerung. Sie konnte nichts dagegen tun, die Gedanken an diese schreckliche Zeit waren einfach da. Angstbesetzte Bilder tauchten immer wieder vor ihren Augen auf. Was vergessen geglaubt, drängte in ihr Leben zurück. Es schien mit einemmal wieder 1943 oder 1944 zu sein. Carlotta Marchand begann sich Notizen zu machen, entwarf kleine Texte, schließlich ganze Kapitel. Was zuerst nur für ihre Kinder gedacht war, ist zu einem Stück Erinnerungsarbeit geworden, das über ihr persönliches Schicksal hinausgeht.

Es ist keine genaue Analyse des Verbrechens nötig, um die grauenhaften Taten der NS-Schergen zu erkennen. Carlotta Marchand wurde wegen ihres Daseins, wegen ihrer Existenz verfolgt.

Nicht weil sie politische Gegnerin war, sondern weil sie als Jüdin geboren wurde. Sicher sprechen ihre Erinnerungen nicht für andere, aber vielen erging es ähnlich. Ihr Schicksal ist ein Stück in einem Mosaik, dessen Realität für die später Geborenen unbegreiflich ist. Realitäten, wie sie Carlotta Marchand schildert, werden für Nachgeborene wohl immer unbegreiflich bleiben. Gerade deshalb dürfen wir sie nicht vergessen.

Wie mein zweiter Geburtstag...

»Was ist das für eine schreckliche Farbe!« rief ich entsetzt. Vater war mit einigen gelben, sechseckigen Judensternen nach Hause gekommen. Vier Cent pro Stück hatte er bezahlen müssen.
»Die müßt ihr ab morgen tragen, gut sichtbar auf dem Mantel.«
»Der ist ja auch noch ausgefranst«, stellte ich entrüstet fest, als ich jenes von nun an übliche Erkennungszeichen für uns Juden in der Hand hielt.
»Ich werde sie erst mal gegenfüttern.« Noch war mir nicht klar, was es bedeuten sollte, wenn ich mit dem Judenstern durch die Straßen von Den Haag laufen würde. Die mich kannten, wußten, daß ich als Jüdin mit einem Nichtjuden verheiratet war. Bisher hatte sich eigentlich niemand daran gestört, aber jetzt, im Frühjahr 1942, war ich mir da nicht mehr so sicher.
Daan, mein Mann, hatte ich Anfang Juni 1940 kennengelernt. Nach drei Tagen machte er mir schon einen Heiratsantrag, war allerdings wegen meiner anfänglichen Ablehnung ziemlich sauer.
»Du bist wohl verrückt, so etwas vorzuschlagen; es ist geradezu absurd, daß du eine Jüdin heiraten willst, ausgerechnet eine Jüdin! Hast du schon mal etwas von den Nürnberger Rassengesetzen gehört?«
»Nein, warum auch, es sind doch deutsche Gesetze und nicht holländische«, antwortete er. Ich fand seine Naivität fast rührend, schließlich waren kaum drei Wochen zuvor – am 10. Mai 1940 – die Deutschen in Holland einmarschiert und hatten innerhalb von vier Tagen das Land besetzt.
»Sie werden ihre Gesetze auch hier anwenden. Daan, versteh doch, sie verbieten die Eheschließung zwischen sogenannten Ariern und Nichtariern.«
Aber meine Einwände halfen wenig, Daan war nicht davon abzubringen. Im August 1940 heirateten wir, im Februar 1941 wurden die sogenannten »Mischehen«, von denen wir gerade eine geschlossen hatten, verboten. Aber die Deutschen begnügten sich nicht damit, sie führten auch alle anderen Rassengesetze in

 Hochzeit mit Daan – eine »Mischehe«, wie man das damals nannte (1940)

Holland ein. Juden waren von nun an Freiwild. Sie durften nicht mehr in Parkanlagen spazierengehen, keine Haustiere haben, kein Radio mehr besitzen; in jüdischen Haushalten durften keine »arischen« Angestellten mehr beschäftigt werden, jüdische Geschäfte mußten für jedermann sichtbar an den Fensterscheiben gekennzeichnet sein. Das kulturelle Leben in Holland wurde »gleichgeschaltet«, alle jüdischen Künstler wurden »entfernt« – wie es im Jargon der Deutschen zynisch hieß. In jüdische Ausweise wurde ein schwarzes »J« gestempelt.
Am nächsten Sonntag ging ich zum erstenmal mit dem Judenstern über die Straße. In mir sträubte sich alles, aber Daan überzeugte mich:
»Du brauchst dich nicht zu schämen. Es sind die Deutschen, die dich dazu zwingen. Kein Mensch wird dir einen Vorwurf machen oder dich schief ansehen.« Ich wußte zwar nicht, wie die Menschen reagieren würden, aber davor hatte ich eigentlich am wenigsten Angst, denn die meisten Holländer hatten nichts gegen Juden. Es war die Kennzeichnung, als wenn ich eine ansteckende Krankheit hätte, die mich verunsicherte. Ich packte also meine zwei Monate alte Tochter Carla in den Kinderwagen, ging die Treppe hinunter und tat die ersten noch unsicheren Schritte. Ein älterer Herr zog den Hut vor uns, andere taten dasselbe.
»Kennst du den?« fragte ich Daan.
»Nein.« Nach einer Weile hatte ich mich gefaßt und ging an grüßenden Männern und Frauen vorbei erleichtert weiter, bis wir bei unseren Bekannten angekommen waren. Für die Holländer war die offensichtliche Sympathiekundgebung eine äußerst gefährliche Angelegenheit. Denn sie brachten durch das Grüßen ihre Ablehnung der Nazi-Gesetze zum Ausdruck. Ich aber war zu Tränen gerührt. Man grüßte *mich,* man zeigte *mir,* daß ich trotz des gelben Sterns von ihnen nicht mißachtet wurde. Manchmal schien es mir, als sei der gelbe Stern nicht Zeichen der Diskriminierung, sondern der Auszeichnung. Natürlich wußte ich, daß ich wie alle anderen Juden auch in großer Gefahr war. Aber es war gut zu wissen, daß es so viele Menschen gab, die mit den neuen Gesetzen nicht einverstanden waren.
Am nächsten Tag stand übrigens in der Zeitung, daß es unter strengster Strafe verboten sei, Juden auf offener Straße irgendwelche Aufmerksamkeit zu schenken.
 In der folgenden Zeit versuchten wir, uns mit der neuen Situation

Carlotta Marchand –
6 Wochen nach dem Einmarsch
deutscher Truppen in
Holland (1940)

Carlotta mit ihren Eltern, die
1942 deportiert und dann in
Auschwitz umgebracht
wurden (1934).

zu arrangieren. Aber Ende Oktober 1942 holte unsere Familie die grauenhafte Realität jener Jahre wieder ein. Morgens hatte es an unserer Tür geschellt.

»Ihr Vater hat mich gebeten, zu ihnen zu gehen.« Der Polizist teilte Daan und mir mit, daß noch am selben Tag meine Eltern und meine Schwester Doris »abgeholt« werden sollten. Daan wurde leichenblaß. Wir wußten zwar beide, daß jeden Tag Juden »abgeholt« wurden, aber jetzt fuhr uns ein furchtbarer Schreck in die Glieder. Ich hatte es mir in den Monaten vorher zur Angewohnheit gemacht, täglich bei meinen Eltern vorbeizuschauen. So makaber es klingt, aber ich wollte wissen, ob sie noch da waren. Jedesmal wenn ich auf mein Klingeln Schritte hinter der Tür hörte, fiel mir ein Stein vom Herzen.

Wir brachten unsere Tochter zur Nachbarin und rannten zu meinen Eltern. Dort hatten sich inzwischen zwei Polizisten eingefunden. Die beiden hatten sich in die Küche verzogen, offensichtlich war ihnen auch nicht wohl in ihrer Haut. Alles war in größter Aufregung.

»Was machen wir denn jetzt?« fragte ich leise. Daan zuckte die Schultern. Drei Rucksäcke mit den allernötigsten Utensilien standen schon seit Wochen fix und fertig gepackt im Flur. Wir alle wußten, daß es eines Tages so kommen würde. Lange nach dem Krieg fand ich ein Notizbuch von Doris, in dem sie genau aufgeschrieben hatte, was sie alles mitnehmen müßte... Einzig mein Vater blieb ruhig am Tisch sitzen.

»Holst du eben die Schuhe vom Schuhmacher ab?« fragte er mich und tat mir damit einen großen Gefallen. Eben mal fort, raus aus dieser Situation, weg, nur weg. Ich war verzweifelt, aber helfen konnte ich nicht. Meine Eltern und meine Schwester sollten weggebracht werden, das war der einzige Gedanke, der mir durch den Kopf ging. Diese grauenvolle Ohnmacht, ich werde sie niemals vergessen.

Als ich zurückkam, war Daan gerade dabei, das Bettzeug von den Betten abzuziehen, in denen meine Eltern die letzte Nacht noch geschlafen hatten. Wie grauenvoll das Leben sein kann, ging es mir durch den Kopf. Aber es herrschte Textilknappheit, und wir konnten die Bezüge gut gebrauchen. Meine Mutter jammerte über die schweren Rucksäcke, die sie niemals würde tragen können. Einige junge Leute der Jüdischen Gemeinde kamen kurze Zeit später vorbei und brachten mit einem Liefer-

dreirad die Rucksäcke zur Sammelstelle, einem Gebäude, von dem aus die Deportationszüge zunächst nach Westerbork und dann weiter nach Osteuropa abfahren sollten. Es war erstaunlich, daß sie sich in dieser Situation darüber aufregen konnte, einen Rucksack schleppen zu müssen. Wenn es nur das gewesen wäre! Ich rannte wie von Sinnen durch die Wohnung. Aus unerklärlichen Gründen packte ich die kristallene, grüne Toilettengarnitur in eine Tasche. Ich war zu keinem klaren Gedanken mehr fähig, auch nicht, als Daan vorschlug, andere uns wertvoll erscheinende Gegenstände über den Gartenzaun zu werfen und sie später wieder zu holen. Das taten wir dann auch. Zwei holländische Nazis, die über meinen Eltern wohnten, konnten alles mit ansehen. Aber sie rührten keine Hand für uns, obwohl sie meine Eltern immer sympathisch gefunden hatten.
Während wir voller Panik durch die Wohnung liefen, saß mein Vater immer noch seelenruhig am Tisch auf der Glasveranda und ließ sich um nichts in der Welt von seinem Frühstück abbringen. »Wie kannst du jetzt so ruhig dasitzen und tun, als ob nichts geschehen sei?« rief meine Mutter wütend. Er aber blieb sitzen, antwortete nichts und aß weiter. Die Polizisten drängten darauf, daß meine Eltern und meine Schwestern nun gehen müßten.
Nachdem wir uns noch einmal umarmt und geküßt hatten, gingen sie mit Daan und den beiden Polizisten zur Straßenbahn. Ich hatte das Gefühl, meine Eltern und Doris würden mit der Linie 4 der Haager Straßenbahn geradewegs in die Gaskammern fahren. Ich sah sie nie wieder. Daan erzählte mir später, daß sie in dem Gebäude mit anderen Juden zusammengetrieben worden seien, um wie Schlachtvieh auf den Abtransport nach Westerbork zu warten. Von dort ging es jeden Dienstag in geschlossenen Waggons weiter nach Polen.
Die gefütterten Schuhe und die dicken Mäntel haben sie wohl nur während des Transports im Viehwagen gebraucht. Denn in Auschwitz angekommen, mußten sie sich nackt ausziehen, bevor sie in die Gaskammern geschickt wurden. Das geschah bei meinen Eltern sehr schnell, denn beide waren schon über 50 Jahre alt. Und Doris, die am 15. November 1942 ihren 23. Geburtstag hätte feiern können, wurde ebenfalls sofort umgebracht. Sie hatte seit frühester Kindheit Rachitis, ihr Rücken war etwas nach vorne gebeugt, und sie konnte ihre Finger nicht richtig bewegen. In den Augen der deutschen »Herrenmenschen«

Photo für die offizielle Kennkarte mit freigelegtem Ohr – wie es die deutschen Besatzer wollten (1940)

war sie deshalb »untauglich«... für welche Arbeit auch immer.
Dieses Ereignis veränderte mein Leben.
»Du mußt sofort untertauchen. Wenn sie dich erwischen, wirst du auch abtransportiert«, sagte Daan einige Tage später zu mir. Sein Bruder Jan war für ein paar Tage zu uns gekommen, weil er anstelle meines Vaters im Geschäft mitarbeiten wollte.
»Auch für dich wird es jetzt zu gefährlich, dein rotes ›J‹ im Paß hilft dir jetzt nicht mehr«, wandte er ein. Mir hatte man, weil ich mit einem »Arier« verheiratet war, mit roter Farbe ein »J« in den Paß gestempelt. Die Deutschen bezeichneten unsere Ehe als »Mischehe«. In ihrer Vorstellung waren die Menschen mit »rein arischem« Blut mehr wert als andere. Seit sie auch in Holland ihre Gesetze anwendeten, waren Ehen wie unsere verboten. Untereinander durften Juden auch weiterhin heiraten, sie bekamen dann ein schwarzes »J« in den Ausweis gestempelt. Für eine gewisse Zeit, dachte ich, hatte mich das rote »J« noch vor den Nazis bewahrt. Diese Zeit schien jetzt endgültig abgelaufen zu sein.

Daan unterbrach meine Gedanken.
»Dann müssen wir unser Lottchen eben untertauchen lassen!«
Ich guckte ihn fragend an:
»Wo, wo soll ich untertauchen? Hier, wo die Häuser so dicht beieinander stehen und jeder jeden kennt?« Es gab zwar nicht so viele holländische Nazis in unserer Straße – und die waren auch bekannt –, aber in einer Großstadt wie Den Haag waren sehr viele Besatzungssoldaten stationiert, vor denen man ständig auf der Hut sein mußte. Vielleicht gäbe es ja Menschen, die bereit wären, mich zu verstecken, meinte Daan. Aber die kannten wir nicht, zumal es sicher nicht viele waren, die ein so großes Risiko eingehen würden.
»Auf keinen Fall mit anderen Juden zusammen. Das ist viel zu gefährlich.« Eine andere Idee aber hatte er zunächst auch nicht.
»Warum denn nicht mit anderen zusammen? Dann könnte man sich doch wenigstens gegenseitig ein bißchen helfen.« Mir schien es gar nicht so abwegig, sich in der Gefahr mit anderen zusammenzutun. Aber Daan wollte nicht:
»Wenn da auch nur einer einen Fehler macht, dann sind alle dran, und das ganze Versteck fliegt auf.«
»Was für einen Fehler?« wollte ich wissen. Daan fuhr sich durch sein nach hinten gekämmtes Haar, schüttelte den Kopf, stand vom Sessel auf und wanderte im Zimmer umher.
»Du weißt doch, die Gesetze werden immer schlimmer. Jetzt müßt ihr den Stern schon tragen, wenn ihr aus dem Fenster sehen wollt oder auf dem Balkon steht. Wie willst du sicher sein, daß alle diese Gesetze im Kopf haben und sich immer danach richten?«
Eine ernste Pause folgte. Es entstand eine merkwürdige Situation; erst jetzt wurde mir richtig bewußt, daß es ja um *meine* Sicherheit ging, daß mein Mann und Jan *mein* Leben retten wollten. Daan war nicht besonders groß, hatte aber breite Schultern und eine stattliche Figur. Wie er jetzt so im Zimmer hin- und herlief, sah er mit einemmal viel älter und sorgenvoller aus. Ich dachte nach, welche Möglichkeiten mir wirklich noch blieben. Tag und Nacht hatte ich Angst, es könnte etwas passieren, es würde an der Tür klingeln und jemand würde mich »abholen«. Was sollte dann mit unserer Tochter geschehen? Alle Holländer hatten unter dem Krieg zu leiden, und viele wurden von den Deutschen zur Arbeit in die Rüstungsfabriken verschleppt. Aber sie hatten wenigstens die Chance zu überleben. Juden nicht.

Jan war der erste, der wieder etwas sagte:
»Es ist doch das beste, wenn wir Lottchen alleine verstecken. Dann wissen nur wir, wo sie ist.«
Daan blickte ihn an: »Ja, wir könnten sie doch bei uns im Haus verstecken!« Er drehte sich zu mir und fuhr fort: »Ich würde dann weiter zur Arbeit gehen, alles wie bisher. Unseren Freunden erzählen wir auch nichts. Wir sind sozusagen für uns selber verantwortlich. Ich sage einfach, du wärst in Amsterdam untergetaucht, das wird man mir schon glauben!« Er war sehr überzeugt von seiner Idee, ich nicht so sehr, aber es war wohl wirklich die einzige Möglichkeit unterzutauchen und gleichzeitig zu Hause zu bleiben.
»Du darfst eben nicht ans Telephon oder an die Tür gehen, wenn's klingelt. Und vom Fenster mußt du dich auch fernhalten.«
Der Entschluß war gefaßt, die Ausführung aber machte uns noch viele Schwierigkeiten. Zunächst holten wir die Eisenbahnerwitwe von unten und weihten sie ein. Sie war skeptisch:
»Was mache ich denn, wenn die Polizei oder die Gestapo wirklich mal an die Haustür kommt? Die schieben mich doch einfach zur Seite und sind drin. Dann sind sie auch schnell auf der zweiten Etage.« Das hatten wir natürlich nicht bedacht. Von unserer Wohnung aus konnte man weder aufs Dach hinaus noch einen Hinterausgang benutzen. Und die »normalen« Verstecke kannten die Deutschen längst. Es war eben nicht so einfach, ein gutes Versteck in einer winzigen Zweizimmerwohnung zu finden. Wir grübelten eine Weile, bis Daan einen Ausweg fand:
»Wir haben doch den alten, großen Wandschrank. Ich mache eine Kohlenkiste, die wir in den Schrank montieren. Unser Lottchen kriecht in die Kiste. Auf die Idee, da nachzugucken, kommt bestimmt niemand.« Jan fand den Vorschlag gut, und beide machten sich noch am selben Tag an die Arbeit.
Sie bauten eine stabile Kiste, an deren vorderer Seite eine Tür angebracht wurde. Auf der Kiste konnte eine Kohlenschicht von etwa 20 Zentimetern angehäuft werden. Die Kohlen rutschten vorne zwischen der doppelten Tür runter, so daß man unten auf einem schrägen Brett auf der ganzen Breite der Kiste Kohlen schippen konnte. Die vordere Seite konnte »ganz normal« geöffnet werden und ich kroch in den Hohlraum: auf den Knien, nach vorne mit den Ellbogen abgestützt. An der Innenseite hatte Daan

ARRONDISSEMENTS-RECHTBANK

VERZOEKE BIJ UW ANTWOORD
TE VERMELDEN
KAMER.....................
No. ....
GIRONUMMER 104126

'S-GRAVENHAGE, 16 Maart 1943

Namens den President mijner Rechtbank roep ik U hierbij op, om op Donderdag 18 Maart 1943 te 15 uur te verschijnen in het Kabinet van Z.E.A. in het Paleis van Justitie aan het Korte Voorhout no. 11 te 's-Gravenhage, teneinde te worden gehoord naar aanleiding van een door Uw echtgenoot Daniel Groenevelt tegen U ingediend request tot echtscheiding.

ARRONDISSEMENTS-RECHTBANK 's-Gravenhage

DE GRIFFIER VAN DE ARRONDISSEMENTS-RECHTBANK TE 's-GRAVENHAGE

Mevrouw Charlotte Henriette Groenevelt – Marchand,
Ryklof van Goenstraat 5,
's-Gravenhage.

Ⓐ 4927 - '42 - K 983

Den Haag, den 16. März 1943

Im Namen des Präsidenten meines Gerichtshofs rufe ich Sie hiermit auf, am Donnerstag den 18. März 1943 um 15 Uhr im Kabinett des Hochwohlgeborenen Richters im Gerichtspalast am Korte Voorhout Nr. 11 zu Den Haag zu erscheinen, um verhört zu werden im Falle einer von Ihrem Ehegatten Daniel Groenevelt eingereichten Eingabe gegen Sie bezugs der Scheidung.

(Vorladung zu unserer fingierten Scheidung, damit Carla gerettet würde, wenn mein Versteck entdeckt wird.)

einen Haken befestigt, so daß ich die »Tür« selbst verschließen konnte. Ich war klein und dünn und paßte daher mühelos in mein Versteck. Niemand würde auf die Idee kommen, daß sich in einer so kleinen Kiste ein Mensch verstecken könnte. Als alles fertig war, übte ich, so schnell es ging, mich in die Kiste zu zwängen. Daan und sein Bruder waren natürlich sehr besorgt um mich.

»Wenn jemand in die Wohnung kommt, darfst du dich nicht rühren, nicht husten und keinen Mucks von dir geben; sonst ist alles aus.« Ich versprach es, ohne eine Vorstellung zu haben, was es heißt, in einer winzigen Kiste zu hocken, wenn draußen SS-Leute oder Polizeibeamte nach mir suchten. Aber ich sollte dieses Gefühl noch kennenlernen.

Daan hatte überall herumerzählt, ich sei in Amsterdam untergetaucht. Ich durfte also auf keinen Fall gesehen werden, auch nicht durch einen dummen Zufall. Die Gardinen im Wohnzimmer waren mit Stangen an der Unterseite der Fenster befestigt, damit sie nicht zur Seite wehen konnten. Die Nachbarn aus dem gegenüberliegenden Haus hätten mich sonst erkennen können. Ich durfte das Zimmer nur an der Wandseite durchqueren. An beiden Seiten des Fensters hatte Daan je einen Stuhl hingestellt, auf denen wir saßen, wenn er abends nach Hause kam. Für ihn mußte, wenigstens nach außen, alles ganz »normal« weitergehen. Er ging morgens aus dem Haus, kam abends zurück, und selbst für unsere Freunde war Daan ein bedauernswerter Strohwitwer. Es war ihm sehr unangenehm, die vielen Einladungen auszuschlagen. Manchmal allerdings ließ es sich nicht vermeiden, daß ihn gute Freunde unangemeldet besuchten. Während sie die Treppen hinaufkamen, verschwand ich im Hinterzimmer. Er ließ dann die Tür offen, so konnte ich wenigstens die Gespräche mit anhören. Ich habe oft geweint, wenn der Besuch fort war. Daan versuchte mich zu trösten, aber das Gefühl, gezeichnet oder von meinen Mitmenschen ausgeschlossen zu sein, blieb. Leider war Daan auch nicht sehr gesprächig, wenn er zu Hause war. Was hätte er mir auch erzählen können? Vieles hat er mir sicher verschwiegen, weil er mich nicht beunruhigen wollte. Deshalb hatte ich manchmal den Eindruck, daß es »draußen« geradezu langweilig war. Daans Standardantwort auf meine Frage, wie es ihm heute ergangen sei, lautete: »Es ist kein Unglück passiert.« Kein Unglück ... das war schon etwas.

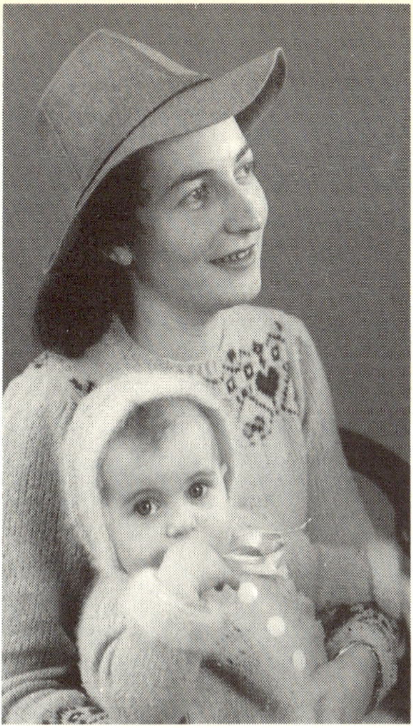
Mit Carla (1942)

Von meinem Stuhl aus konnte ich zwischen Gardinen und Fenster ein klein wenig von draußen mitbekommen. Die Straße, in der wir wohnten, war ziemlich schäbig und leider baumlos. Ich sehnte mich all die Jahre, die ich so verbrachte, danach, über eine grüne Wiese zu laufen, das Rauschen eines Baumes im Wind zu hören oder den Duft einer Blume einzuatmen. Erst aber mußte ich meine Haut retten. Fast drei Jahre meines Lebens habe ich so verbracht. Tagsüber schlich ich leise und vorsichtig an der Wand entlang durchs Zimmer. Schlimmer noch war es, wenn die Witwe unter uns Besuch hatte. Dann durfte ich nicht einmal die Toilette benutzen.
Unsere kleine Tochter Carla mußte auch untertauchen. Sie war inzwischen ein bildhübsches Kind geworden, mit großen blauen Augen und einem prächtigen blonden Lockenkopf. Wir hatten sie einer zuverlässigen deutschen Frau gegeben, die außer Carla noch einen kleinen jüdischen Jungen aufgenommen hatte. Die beiden amüsierten sich köstlich mit zwei Dackeln, die der Frau tatsächlich gehörten. Sie war eine Scheinehe mit einem Holländer

eingegangen, um nicht für die deutsche Besatzungsmacht arbeiten zu müssen. Daan holte Carla immer am Wochenende nach Hause. Aber auch das war nicht ungefährlich, denn Carla fing gerade an zu sprechen; ihr erstes Wort wäre natürlich »Mama« gewesen. Also mußten wir ihr beibringen, daß ich ihre »Tante Annie« war. Der jüdische Junge mußte dauernd die Qual des Blondierens über sich ergehen lassen, denn er hatte pechschwarzes Haar und konnte leicht auffallen. Es hat ihm alles nichts genützt. Als er eines Tages zu einer anderen Tarnadresse gebracht werden sollte, wurde er von einer deutschen Streife erwischt und auf Nimmerwiedersehen verschleppt.

Aber mein Gefängnis, in dem es nicht einmal Besucherstunden gab, hatte wenigstens eine gute Seite. Denn nachts lag ich neben Daan im Bett. Natürlich war es ein Einzelbett mit nur einem Kopfkissen, denn mich gab es ja eigentlich gar nicht. Meinen Schlafanzug holte ich abends aus der Kohlenkiste und legte dafür meine Kleider hinein. Alles andere hatte ich in einem Koffer auf dem Speicher versteckt. Jeden Morgen kontrollierte ich die ganze Wohnung, ob nicht irgendwo etwas »Weibliches« liegengeblieben war. In meiner Lage konnte eine Haarklammer oder Strickzeug den Tod bedeuten.

Am 5. September 1944 dachten wir, das Kriegsende sei zum Greifen nahe. Radio London, der englische Sender, hatte die Meldung durchgegeben, alliierte Truppen stünden vor den Toren Rotterdams. Zum erstenmal seit drei Jahren traute ich mich wieder auf die Straße. Die Gefahr schien endlich vorüber. Viele Bewohner unserer Straße holten die versteckten holländischen Fahnen hervor und rannten mit ihnen nach draußen. Daan ließ sich von der Euphorie anstecken, und ich war schließlich auch nicht mehr zu halten und ging mit klopfendem Herz hinunter. Unsere Nachbarn waren sehr erstaunt, mich wiederzusehen.

»Ich möchte noch ein Kind haben!« Ich schaute Daan etwas verdutzt an, ich hatte mit ziemlich allem gerechnet, nur nicht damit.

»Es dauert schließlich neun Monate, bis das Kind da ist, und dann ist der Krieg schon längst vorbei«, bekräftigte er seinen Wunsch.

Aber wir hatten unsere Rechnung ohne die Deutschen gemacht. Denn wenige Tage darauf schlugen ihre Truppen die Alliierten bei Arnheim und drängten sie zurück bis zu den »großen Flüssen«. Die Kämpfe gingen also weiter, und als ein paar Wochen danach auch noch die groß angekündigte Ardennen-Offensive begann, mußten wir unsere Hoffnung auf eine baldige Befreiung wieder begraben. Ich aber war schwanger.

Es begann der letzte, fürchterliche Kriegswinter. Die holländischen Eisenbahner waren in einen Streik getreten, so daß die Deutschen Züge und Militärtransporte selber organisieren mußten. Diese Aktion bewirkte zwar einerseits, daß die deutschen Nachschubwege und die Verbindung zu ihren Fronteinheiten nicht mehr reibungslos aufrechterhalten werden konnten. Andererseits aber war nun auch die Lebensmittelzufuhr von den ländlichen Gebieten in die Städte teilweise unterbrochen. Für uns gab es eine Zeitlang nur noch Zuckerrüben und Tulpenzwiebeln. In den Städten fielen die Menschen mitten auf der Straße um, weil sie total entkräftet waren. Die meisten der wenigen Lebensmittel, die trotzdem in die Städte kamen, wurden von den Deutschen wieder abtransportiert. Ihr Zynismus war kaum zu überbieten, denn auf den Zügen stand in großen weißen Buchstaben: »GESCHENK DER HOLLÄNDER.« In Deutschland wird kaum jemand gewußt haben, wie viele Menschen verhungert sind für diese »Geschenke«...

Mir bekamen die Tulpenzwiebeln überhaupt nicht; sie sind ja auch nicht zum Verzehr gedacht. Jede Nacht mußte ich mich übergeben. Aber das war nicht einmal das schlimmste. Mein Bauch wurde natürlich immer dicker. Ich konnte den Tag absehen, an dem ich nicht mehr in »meine« Kohlenkiste passen würde. Es war einfach unmöglich, selbst bei allergrößter Anstrengung länger als einen kurzen Augenblick auf Knien und Ellenbogen zu verharren. Mein Bauch war im Wege, und ich hatte in dieser Haltung große Schmerzen. Unsere sorgsam erdachten Sicherheitsmaßnahmen konnten also ihren Zweck nicht mehr erfüllen. Tag für Tag wurde meine Angst größer, bei einer Razzia erwischt zu werden. Die Deutschen suchten in jenen Wochen und Monaten überall nach Flüchtlingen oder Mitgliedern der holländischen Untergrundbewegung, die mit ihren Sabotageanschlägen der deutschen Wehrmacht viel Schaden zufügte. Männer zwischen 16 und 60 Jahren hielten sich versteckt, um nicht auf offener Straße festgenommen und zu Schanzarbeiten zum »Westwall« oder in die Munitionsfabriken nach Deutschland verschleppt zu werden.

Meine Schwangerschaft wurde auch unter einem anderen Gesichtspunkt immer problematischer. Ich hatte ja seit geraumer Zeit keine Identität mehr. Offiziell existierte eine Carlotta Marchand in Den Haag nicht mehr, denn mutige Beamte hatten mich aus dem Einwohnerverzeichnis gestrichen. Aber eine Frau, die es nicht gab, konnte auch kein Kind bekommen. Außerdem wurden mir auch keine Lebensmittelkarten mehr zugeteilt, die natürlich nur für die registrierten Bewohner eines Stadtbezirks gedacht waren. Daan lief verzweifelt von einem Krankenhaus zum anderen, um die bevorstehende Entbindung zu organisieren. Überall dasselbe: Niemand wagte, mich aufzunehmen, wenn es soweit sein würde.

»Daan, was machen wir denn, wenn das Kind da ist?« Und auch Carla, die inzwischen beinahe drei Jahre alt geworden war, würde bald zu verstehen beginnen, was um sie herum geschah. Daan wußte es ebensowenig wie ich. Aber es gelang ihm, einen gefälschten Ausweis zu besorgen. Jetzt hieß ich Carlotta van Dam, geboren in Paramaribo in Surinam. Das konnten die Deutschen natürlich nicht nachprüfen. Aber noch wichtiger war, daß diese Identitätskarte nicht mehr mit dem »J« gestempelt war, das mich als Jüdin ausgewiesen hätte. Die Fälschung war zwar

Neue Identität: Carlotta Renate van Dam, geboren in Paramaribo, Westindische Inseln.

DE BURGEMEESTER van RHEDEN verklaart te hebben
ingenomen het persoonsbewijs No. G41/056849
van van Dam,Carlotta Renate
geboren 22 Februari 1918 Paramaribo Ned West Indiê
te
en wonende te Rheden Arnhemschestraatweg
Op nader te bepalen datum
zal ~~hem~~/haar een nieuw persoonsbewijs worden uitgereikt,
op welken datum de geldigheidsduur van dit bewijs eindigt.

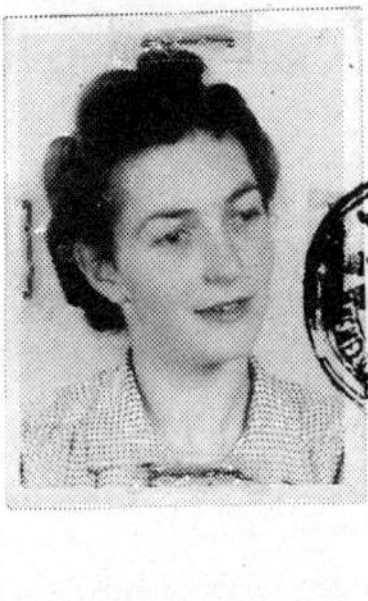

De Burgemeester voornoemd,

Geprüft und gültig
für 1945.

Der Bürgermeister,
I.A.

besonders gut, aber ich wollte meine neue Kennkarte nur im äußersten Notfall einsetzen.
»Morgen früh um sechs werden alle Zufahrtsstraßen nach Den Haag gesperrt. Die Deutschen machen eine Großrazzia.« Der Mann, der uns Ende November 1944 diese Nachricht überbrachte, gehörte dem holländischen Widerstand an. Irgendwie hatten sie herausbekommen, daß mal wieder »Nachschub« für die Schanzarbeiten am Westwall und für deutsche Munitionsfabriken gesucht wurde. 14 Tage vorher hatten die Deutschen ähnliche Großrazzien in Rotterdam durchgeführt und fast 50 000 Menschen verhaftet. Wir waren also gewarnt. Sonst kamen die Streifen meistens überraschend. Die Soldaten sprangen aus ihren Mannschaftswagen heraus, drangen in Häuser ein, stellten Wohnungen auf den Kopf und schlugen mit Gewehrkolben so manches Möbelstück kaputt. Danach führten sie die armen Menschen ab, die sie erwischt hatten. Viele von ihnen kamen nicht mehr zurück.
Die Nachricht von der bevorstehenden Razzia kam für uns nicht gänzlich unerwartet, denn eigentlich konnte man ahnen, daß die Deutschen gegen Ende des Krieges noch einmal den Versuch unternehmen würden, den Krieg zu ihren Gunsten zu entscheiden. Und dazu brauchten sie natürlich Arbeitskräfte, die Munition herstellten oder neue Panzer bauten. Seit unsere Nachbarn wußten, daß ich noch lebte, hatten wir gemeinsam ein neues Versteck gefunden – für mich, Daan und sechs junge Männer, die ebenfalls untertauchen mußten, weil sie nicht von den Deutschen zum Schanzen verschleppt werden wollten. Trotzdem: Wir saßen in einer Falle, aus der wir nur mit viel Glück und mit Hilfe der Nachbarn herauskommen konnten. Auf dem Speicher unseres Hauses hatten die Männer einen kleinen Hohlraum gebaut und von außen mit Brettern wieder verschlossen. In dem dreieckigen Innenraum war Platz für eine Handvoll Erwachsener. Auf dem Boden lagen einige Matratzen. Von außen war nichts zu erkennen, weil wir alte Kisten und anderes Gerümpel davorgeschoben hatten. Da die Kohlenkiste für mich zu klein geworden war, verschwand ich tagsüber für viele Stunden auf dem Speicher. Wenn keine unmittelbare Gefahr bestand, bekam ich Besuch von den Nachbarn, deren Speicher sich an unseren anschloß. Meine Isolation, nachdem die alliierten Truppen doch nicht so schnell kamen, war nun nicht mehr ganz so schlimm.

Als die Razzia begann, war es noch früher Morgen. Wieder hatten uns holländische Widerstandskämpfer benachrichtigt. Sofort stürmten wir auf den Speicher. Die Männer mußten sich mit gespreizten Beinen hintereinandersetzen. Da ich schwanger war, konnte ich unmöglich längere Zeit so sitzen, also hatten wir einen kleinen Schemel auf die wackeligen Matratzen gestellt. Auf dieser Sitzgelegenheit sollte ich die nächsten und beängstigendsten Stunden meines Lebens verbringen.

Nach einer Weile, die wir schweigend im Dunkeln gewartet hatten, klopfte es an der Bretterwand.

»Ich hab' etwas zu essen mitgebracht«, meldete sich eine Nachbarsfrau und reichte uns durch ein abnehmbares Brett ein paar gedämpfte Tulpenzwiebeln herein und dann einen jener abscheulich schmeckenden Zuckerrübenkuchen, die wir damals beinahe täglich essen mußten.

»Und auch etwas Tee. Sie sind noch nicht da, wir geben euch ein Zeichen, wenn sie näher kommen. Macht's gut.« Das Fatale an ihrer gut gemeinten Geste war, daß sich bald nach dem Verzehr dieser eigentlich ungenießbaren »Lebensmittel« unsere Verdauung meldete. Besonders der Ersatztee hatte treibende Wirkung. Bei den Männern ging unproblematisch ein Krug herum, der anschließend wieder hinausgereicht wurde. Ich konnte davon schon wegen des anatomischen Unterschieds keinen Gebrauch machen. »Gib mir mal den Nachttopf«, meldete ich nach hinten weiter. Ich stellte ihn im Dunkeln auf den Schemel. Das war auf den Matratzen eine wackelige Angelegenheit.

Es kam, wie es kommen mußte. Als ich mich auf den Topf setzen wollte, fiel der Schemel und mit ihm der Nachttopf um.

»O Gott«, rief ich erschrocken ins Dunkel hinein. Einer der jungen Männer wollte mich beruhigen:

»Ich leuchte eben mit der Taschenlampe.«

»Nein, laß das!« schrie ich zurück. »Ich hab' ihn schon gefunden!« Denn ich hätte in diesem Augenblick mit entblößtem Hinterteil im Schein der Taschenlampe gestanden. Ich hatte den Topf auch tatsächlich schon in der Hand, so daß ich mich schließlich auf dem so wichtigen Objekt niederlassen konnte. Wir schüttelten uns vor Lachen, soweit man in einer solchen Situation von Lachen sprechen konnte. Von hinten kam ein »pssss...«, wir wurden wieder still und lauschten den Geräuschen, die von der Straße in unser Versteck drangen. Noch war alles ruhig.

Erst am Abend kamen die Deutschen. Es waren Soldaten, die eigens für derartige Razzien »rekrutiert« wurden. Es erwies sich für uns als großes Glück, daß wir erst am Abend »dran« waren. Denn die Deutschen hatten den ganzen Tag schon ziemlich erfolglos die Straßen abgeklappert. Zu ihrem Erstaunen und Ärger hatten sie nur Frauen oder Witwen mit kleinen Kindern angetroffen, die alle nicht wußten, wo ihre Männer und Söhne waren. Ganz »zufällig« wären sie gerade weg und hätten auch leider nicht gesagt, wann sie wiederkommen wollten. Dieses Mal waren alle dank der vorherigen Warnung durch die Widerstandsbewegung gut auf die Razzia vorbereitet. Außerdem hatten die langen Entbehrungen des Krieges und der Haß auf die deutschen Besatzer die Frauen so standhaft gemacht, daß sie unter allen Umständen versuchten, ihre Söhne und Männer zu schützen. Dabei saßen sie fast alle in irgendwelchen Verstecken ganz in ihrer Nähe.
Todmüde von ihrem nicht sehr erfolgreichen Streifzug stolperte eine Handvoll Soldaten schließlich unsere Treppe hinauf. Sie

Davongekommen – ein Jahr nach der Befreiung mit Marika, die am 6. Juni 1945 geboren wurde (1946)

riefen durcheinander, man solle diese oder jene Tür öffnen, was in diesem Schrank sei, schoben die Betten weg und ließen es dabei an bekannten Schimpfworten nicht fehlen. Wir saßen unter dem Dach, hörten jedes Wort, verfolgten jeden Schritt in den unteren Wohnräumen. Keiner sprach ein Wort; ich wagte kaum zu atmen. Wenn jetzt einer von uns einen unbedachten Laut von sich gab, war alles aus. Der junge Mann vor mir begann heftig zu zittern. Ich bekam einen furchtbaren Schreck, weil ich befürchtete, er würde die Beherrschung verlieren. Ich legte meinen Arm um seine Schulter, sein Zittern ließ nach.

Draußen waren sie inzwischen auf dem Speicher angelangt. Wir waren jetzt vielleicht noch ein oder zwei Meter von ihnen entfernt, getrennt nur durch die Bretterwand vor unserem Versteck. Mit ihren Bajonetten klopften die Soldaten Wände, Kisten und Schränke ab, die wir zur Ablenkung auf den Speicher geschleppt hatten. Einmal kamen sie ganz nah an das Gerümpel heran, das vor der Bretterwand aufgetürmt lag. Ich konnte das Atmen des Soldaten hören, seine Flüche, und fast war es mir, als stünde er gleich vor mir – mit einem breiten Grinsen, das seinen Erfolg und meinen Tod feierte. Sie gingen noch ein paarmal auf dem Speicher hin und her, hatten aber zu weiterer Suche scheinbar keine rechte Lust mehr. Einige Augenblicke später, die mir wie eine Unendlichkeit vorkamen, verschwanden sie.

Endlich machte sich das Gefühl breit, daß wir die Gefahr überstanden hätten. Sie waren weg, wir durften leben. Später sagte ich mir, dies ist eigentlich mein zweiter Geburtstag gewesen. Wenn einer der Soldaten Verdacht geschöpft und die Kisten beiseite geräumt hätte, wäre ich nicht mehr am Leben.

Katharina M. – Opfer der nationalsozialistischen »Rassenhygiene«

Die nationalsozialistische »Weltanschauung« brachte eigentlich nichts wirklich Neues hervor. Vielfach wurden Geisteshaltungen und Wertvorstellungen aus der Zeit vor 1933 kopiert, übernommen und zusammengeschrieben. Völkische Ideologie, überdrehter Nationalismus, Sozialdarwinismus und Rassendiskriminierung wurden nicht von den Nationalsozialisten erfunden. Sie waren schon lange Bestandteil des Denkens und Handelns der deutschen Gesellschaft. 1912 beispielsweise notierte Kaiser Wilhelm II. zu einem Zeitungsartikel:

> **»Es kommt der Kampf der Germanen gegen Russo-Gallien um ihre Existenz. Das kann keine Conferenz mehr lindern, weil das keine große politische, sondern eine Rassenfrage ist... Denn es handelt sich um Sein oder Nichtsein der germanischen Rasse in Europa.«[1]**

Auch der damalige Generalstabschef Hellmuth von Moltke sprach in jenen Jahren von einem Kampf des »Germanentums gegen die Slawen« und bezeichnete die Vorbereitung auf eine solche Auseinandersetzung als »Pflicht aller Staaten, die Bannerträger germanischer Geisteskultur sind«.[2]

In der nationalsozialistischen Ideologie finden sich diese Vorstellungen beinahe wörtlich wieder. Bei allen Streitigkeiten besteht unter bundesdeutschen Historikern in einem Punkt zumindest weitgehende Einigkeit: Der NS-Staat hatte eigentlich nur zwei wirkliche Ziele. Zum einen war es das Streben nach der Weltherrschaft; dazu wurden nach und nach die europäischen Nachbarvölker überfallen, annektiert oder, wie es damals lapidar hieß, »unter deutsche Verwaltung gestellt«. Zum anderen ging es um die Vorherrschaft der weißen Rasse. Zumindest in Europa sollte die »arische Völkergemeinschaft« weit über den anderen, als minderwertig abqualifizierten Völkern entstehen. Alle außenpolitischen Maßnahmen dienten der Durchsetzung dieser beiden Ziele.

Wollte man die Vorherrschaft der »Arier« in Europa sichern,

mußte man die anderen unterdrücken, wie Sklaven ausbeuten und letztlich auch vernichten. Außerdem sollten die angeblichen Fremdkörper innerhalb der »Herrenrasse« getilgt werden. Und deshalb wurden zigtausendfach kranke, schwache oder angeblich »minderwertige« Menschen umgebracht. Nach dem Willen der Nationalsozialisten sollte ein »arisches« Geschlecht herangezüchtet werden, dessen Entwicklung durch keine »artfremden« Einflüsse gestört werden sollte. Zu »artfremden« Einflüssen gehörten in erster Linie Juden, aber auch körperlich und geistig Behinderte, unheilbar Kranke oder Menschen mit psychischen Krankheiten. Später kamen Alkoholabhängige und sogenannte »Asoziale und Arbeitsscheue« hinzu.

Walter Darré, der im »Dritten Reich« Reichsbauernführer und bis 1942 Minister für Ernährung und Landwirtschaft war, beschrieb Anfang der 30er Jahre das Ziel nationalsozialistischer Menschenzüchtung so:

> **»... wie wir unser altes hannöverisches Pferd aus wenigen rein gebliebenen Vater- und Muttertieren wieder herausgezüchtet haben, so werden wir aus dem besten deutschen Blut durch Verdrängungskreuzungen im Laufe der Generationen wieder den reinen Typ der nordischen Deutschen züchten ... Der neue deutsche Adel wird eine Hochzucht im buchstäblichen Sinne des Wortes sein ... Wir werden das planmäßig und nach wissenschaftlich-biologischen Erkenntnissen tun, was der Blutadel früherer Zeiten instinktiv getan hat.«[3]**

Züchtung und Ausmerzung waren die beiden Seiten derselben Medaille. Was bei Walter Darré als »positive« Hochzüchtung beschrieben wird, bedeutete auf der anderen Seite die brutale Vernichtung oder Unfruchtbarmachung jener Menschen, die nicht zum Kreis der »Vater- und Muttertiere« gehörten, die ein neues Geschlecht gebären sollten. Ihnen drohte Zwangskastration und Zwangssterilisierung oder die langjährige Einweisung in geschlossene psychiatrische Krankenhäuser, die ihren Namen schon längst nicht mehr verdient hatten. Rund 80000 Männer und Frauen waren davon betroffen. Vielleicht 10 % von ihnen leben heute unter uns.

Der Begriff »Euthanasie« (griechisch: »guter Tod«) wird hier eigentlich falsch verwendet, denn es handelte sich im NS-Staat nicht um individuelle Hilfe für Sterbende, sondern um Massenmord. Im Rahmen der »Euthanasie«-Aktionen wurden rund 90 000 Menschen getötet, weil sie angeblich »unheilbar« krank waren. Hitler hatte dazu am 1. September 1939 eine »Ermächtigung« an einige Ärzte erteilt, die ihrerseits 50 weitere »Ärzte« rekrutierten. Ihr schmutziges Geschäft betrieben sie unter dem Dach der Tarnorganisation »Reichsarbeitsgemeinschaft der Heil- und Pflegestätten«. In den abgelegenen »Anstalten« von Hadamar/Hessen, Hartheim bei Linz, Grafeneck/Württemberg und Sonnenstein/Sachsen erprobten sie u. a. Vergasungstechniken mit Kohlendioxyd.[4] Die Transporte übernahm eine aus dem SS-Wagenpark zusammengestellte »Gemeinnützige Transportgesellschaft mbH«, und für das nötige Geld sorgte die »Gemeinnützige Stiftung zur Anstaltspflege«. Im Gegensatz zu den gesetzlich geregelten Zwangssterilisationen verliefen die »Euthanasie«-Aktionen im verborgenen. Man machte sich kaum die Mühe, ärztliche Gutachten zu erstellen, sondern verschickte lediglich Fragebögen an Krankenhäuser, in denen u. a. nach »Rasse« und »Arbeitsleistung« von Kranken gefragt wurde.

Neben diesen aus angeblich psychiatrischen Gründen durchgeführten Morden ordnete der »Reichsführer der SS«, Heinrich Himmler, während des Krieges noch die »Sonderbehandlung 14 f 13« an. Diese nach ihrem Aktenzeichen benannte Aktion betraf 20 000 Häftlinge von Konzentrationslagern, die arbeitsunfähig oder rassisch und politisch »unerwünscht« waren.[5]

Die ausmerzende Rassenpolitik des NS-Staates ruft Empörung und Unverständnis hervor. Man stelle sich das einmal vor: Der Staat beschließt – genauso wie die kaltblütige Ermordung von 6 Millionen Juden – öffentlich, eine bestimmte Gruppe von Menschen zwangsweise zu sterilisieren oder gar umzubringen. Wenn auch die letzte Konsequenz, nämlich die massenhafte Tötung, nicht öffentlich breitgetreten wurde, war jedem, der es wissen wollte, bekannt, was hinter den Mauern von »Krankenanstalten« geschah.

Kaum ein Zitat aus dem Mitte der 20er Jahre von Hitler geschriebenen Buch »Mein Kampf« ist entlarvender als dies:

> **»(Der völkische Staat) hat die Rasse in den Mittelpunkt des allgemeinen Lebens zu setzen. Er hat für ihre Reinerhaltung zu sorgen ... Er muß dafür sorgen, daß nur, wer gesund ist, Kinder zeugt; daß es nur eine Schande gibt: bei eigener Krankheit und eigenen Mängeln dennoch Kinder in die Welt zu setzen ... Er**

hat die modernsten ärztlichen Hilfsmittel in den Dienst dieser Erkenntnis zu stellen. Er hat, was irgendwie ersichtlich krank und erblich belastet und damit weiter belastend ist, zeugungsunfähig zu erklären und dies auch praktisch durchzusetzen... Wer körperlich und geistig nicht gesund und würdig ist, darf sein Leid nicht im Körper seines Kindes verewigen... Er muß ohne Rücksicht auf Verständnis oder Unverständnis, Billigung oder Mißbilligung in diesem Sinne handeln.«[6]

Damit war, lange bevor der NS-Staat Wirklichkeit wurde, unmißverständlich klar, welch geringen Stellenwert ein Menschenleben in der nationalsozialistischen Ideologie hatte. Die Vorstellung vom Menschen, die hinter diesen Sätzen stand, war denkbar einfach: Nicht jeder Mensch ist gleich, sondern die einen herrschen über die anderen. Die Menschenrechte gelten nicht für alle, sondern nur für wenige, die sie den anderen vorenthalten. Selbst das minimalste Grundrecht – zu leben – gilt nicht für jeden Menschen, sondern nur für den, der einer bestimmten Rasse angehört und »gesund« ist.

»Hebung der Rasse«, so lautet die Überschrift eines Artikels in der bayrischen Ausgabe des »Völkischen Beobachters« vom 1. Mai 1930. In ihm wird versucht, die rassenhygienischen Vorstellungen der Nationalsozialisten populär zu machen. Sie sollten aus dem Schattendasein der Ideologie herausgeführt und zum Allgemeingut des Volkes gemacht werden:

»Die Rassenbiologie und Rassenhygiene ist keine Wissenschaft nur für Gelehrte, sondern sie muß Gemeingut des Volkes werden, wenn es mit Deutschland wieder aufwärts gehen soll... Unser ›Rassenfanatismus‹, wie unsere Bestrebungen, unsere Rasse rein zu halten, von der Judenpresse immer wieder bezeichnet werden, hat sehr wohl seine wissenschaftliche Grundlage. Es ist durchaus erwiesen, daß eine Blutsvermischung zwischen Deutschen und Hebräern oder zwischen Deutschen und Negern für unsere Rasse die größte Gefahr ist... Fernerhin ist jede Ehe oder lose Geschlechtsverbindung mit einem niederrassigen Individuum – sei es nun Jude oder Neger oder sonst ein Farbiger – mit drakonischen Strafen zu belegen.«[7]

Das angeblich gute und starke, das »nordisch-arische« Geschlecht der Deutschen sollte durch staatliche Maßnahmen nicht nur geschützt, sondern auch vermehrt werden. »Reinerhaltung des Blutes« hieß das entsprechende Schlagwort. Dahinter verbarg sich, daß nach nationalsozialistischen Gesetzen nur jene heiraten und (viele) Kinder zeugen sollten, die in das »erbbiologische« Konzept des Staates paßten. Dementsprechend wurde die Eheschließung zwischen »arischen« und nicht-arischen Menschen per Gesetz verboten, während den erwünschten Ehen mit staatlichen Geldern, die sich je nach Kinderzahl erhöhten, geholfen wurde. Am 15. September 1935 wurde das »Blutschutzgesetz« beschlossen. Darin heißt es u. a.:

Gesetz zum Schutz des deutschen Blutes und der deutschen Ehre

Durchdrungen von der Erkenntnis, daß die Reinheit des deutschen Blutes die Voraussetzung für den Fortbestand des deutschen Volkes ist, und beseelt von dem unbeugsamen Willen, die deutsche Nation für alle Zukunft zu sichern, hat der Reichstag einstimmig das folgende Gesetz beschlossen, daß hiermit verkündet wird.

§ 1

Eheschließungen zwischen Juden und Staatsangehörigen deutschen oder artverwandten Blutes sind verboten...

§ 2

Außerehelicher Verkehr zwischen Juden und Staatsangehörigen deutschen oder artverwandten Blutes ist verboten...

§ 5

1. Wer dem Verbot des § 1 zuwiderhandelt, wird mit Zuchthaus bestraft.
2. Der Mann, der dem Verbot des § 2 zuwiderhandelt, wird mit Gefängnis oder mit Zuchthaus bestraft.[8]

Während das »Gesetz zum Schutz des deutschen Blutes und der deutschen Ehre« in erster Linie auf Juden abzielte, war das genau einen Monat später, am 15. Oktober 1935, erlassene »Ehegesundheitsgesetz« gegen jene Menschen gerichtet, die angeblich an einer »Erbkrankheit« litten:

Die Reichsregierung hat das folgende Gesetz beschlossen, das hiermit verkündet wird:

§ 1

1. Die Ehe darf nicht geschlossen werden,
   a. wenn einer der beiden Verlobten an einer mit Ansteckungsgefahr verbundenen Krankheit leidet, die eine erhebliche Schädigung der Gesundheit des anderen Teiles oder der Nachkommen befürchten läßt,
   b. wenn einer der Verlobten entmündigt ist oder unter vorläufiger Vormundschaft steht,
   c. wenn einer der Verlobten, ohne entmündigt zu sein, an einer geistigen Störung leidet, die die Ehe für die Volksgemeinschaft unerwünscht erscheinen läßt,
   d. wenn einer der Verlobten an einer Erbkrankheit im Sinne des Gesetzes zur Verhütung erbkranken Nachwuchses leidet.

§ 2

Vor der Eheschließung haben die Verlobten durch ein Zeugnis des Gesundheitsamtes (Ehetauglichkeitszeugnis) nachzuweisen, daß ein Ehehindernis nach § 1 nicht vorliegt.[9]

Mit diesem Gesetz war dem staatlichen Eingriff in die Privatsphäre der Menschen Tür und Tor geöffnet. Eine Gegenwehr war in den meisten Fällen nicht möglich, weil der Staat selbst bestimmte, wer beispielsweise »an einer geistigen Störung leidet, die die Ehe für die Volksgemeinschaft unerwünscht erscheinen läßt«. Mit der Ausstellung des »Ehetauglichkeits«-Zeugnisses war eine Hürde aufgebaut, die für manchen unüberwindbar blieb. Denn durch das »Gesetz zur Verhütung des erbkranken Nachwuchses« waren alle Amtsärzte dazu verpflichtet, Krankheiten, die eine Eheschließung ungesetzlich machten, weiterzumelden und den Antrag auf Zwangssterilisation zu stellen.

Aber auch dabei blieb es nicht. Um die »Fortpflanzung und Bestandserhaltung des deutschen Volkes zu sichern«, griff der NS-Staat zu eugenischen Maßnahmen gegen diejenigen Deutschen, die nicht zur »gesunden Volksgemeinschaft« gehören sollten. Ursprünglich heißt Eugenik, den Versuch zu unternehmen, erbschädigende Einflüsse und die Verbreitung von Erbkrankheiten zu verhindern. Bis zum heutigen Tage ist die Eugenik ein umstrittenes Thema. Darf man beispielsweise an menschlichen Genen manipulieren; wo beginnt die »Züchtung« von

Menschen, und wo bedeutet ein gentechnischer Eingriff Hilfe? Genauso umstritten ist die sogenannte Sterbehilfe. Darf ein Arzt, der zur lebensverlängernden Hilfe verpflichtet ist, einem unheilbar Kranken Hilfe zum Sterben leisten; wer entscheidet, wann ein Mensch unheilbar krank ist?

Im NS-Deutschland wurden solche Fragen nicht gestellt, vielmehr wurde der Kreis der Personen, die unter die eugenischen Maßnahmen fielen, immer größer: Alkoholiker oder sogenannte »Asoziale und Arbeitsscheue», Roma und Sinti, Homosexuelle, Familienangehörige von Kranken, »Landstreicher« und ganz allgemein »mißliebige Subjekte«. In den sogenannten Deutschlandberichten der Sozialdemokratischen Partei (SOPADE) an den Exilvorstand in Prag wird im August 1936 ein Fall berichtet, der die Willkür der Sterilisationspolitik deutlich macht:

> **»Der Gelegenheitsarbeiter Max. U. wurde sterilisiert, weil er etwas beschränkt ist. Das Arbeitsamt lehnte nach der Operation die weitere Arbeitsvermittlung ab. Die ebenfalls in Wiesa wohnende 35jährige Braut U.s wurde ebenfalls zur Sterilisation aufgefordert. Da sie gesund ist und seit ca. 20 Jahren in der Flachsspinnerei Meier tätig ist, weigerte sie sich. Sie wurde zwangsweise sterilisiert, sie leidet seitdem an schweren Blutungen.«[10]**

Natürlich gab es für die in geschlossenen »Krankenanstalten« verübten Verbrechen an wehrlosen Opfern auch ein Gesetz: Das »Gesetz zur Verhütung des erbkranken Nachwuchses« vom 14. Juli 1933. Dieses schon relativ bald nach der sogenannten »Machtergreifung« verabschiedete Gesetz ließ keinen Zweifel darüber aufkommen, daß der NS-Staat den »Volkskörper« von »Mißbildungen« und Erbkrankheiten, von »dekadenten« Einflüssen zu »säubern« gedachte. Dem biologistischen Weltbild entsprechend, stand die langfristige Vorstellung dahinter, das deutsche Volk sozusagen einer »Generalüberholung« zu unterziehen, an deren Ende ein hochgezüchtetes Volk von »Herrenmenschen« stehen würde. Besonders »Schizophrene« oder Menschen mit »angeborenem Schwachsinn« waren von dem Gesetz betroffen. Häufig genug mußten diese beiden »Krankheiten« herhalten, um jemanden zu sterilisieren. Staatliche Willkür kannte keine Grenzen:

Das Gesetz zur Verhütung des erbkranken Nachwuchses

1. Wer erbkrank ist, kann durch chirurgische Eingriffe unfruchtbar gemacht (Sterilisation) werden, wenn nach den Erfahrungen der ärztlichen Wissenschaft mit großer Wahrscheinlichkeit zu erwarten ist, daß seine Nachkommen an schweren körperlichen oder geistigen Erbschäden leiden werden.
2. Erbkrank im Sinne dieses Gesetzes ist, wer an einer der folgenden Krankheiten leidet:
   a. angeborener Schwachsinn,
   b. Schizophrenie,
   c. zirkulärem (manisch-depressivem) Irresein,
   d. erblicher Fallsucht,
   e. erblichem Veitstanz (Huntingtonsche Chorea),
   f. erblicher Blindheit,
   g. erblicher Taubheit,
   h. schwerer erblicher körperlicher Mißbildung.
3. Ferner kann unfruchtbar gemacht werden, wer an schwerem Alkoholismus leidet.[11]

Zu diesem Gesetz gab es Kommentare, die deutlich aufzeigten, wie weit dieses sog. »Erbgesundheitsgesetz« interpretiert werden sollte. Unter »Schwachsinn« war demnach jeder »als deutlich abnorm diagnostizierbare Grad von Geistesschwäche« zu verstehen. »Schwachsinnig« könnte auch derjenige sein, der nicht fähig ist, seinen Lebensunterhalt in »einem geordneten Berufsleben« zu sichern. Wer nur »ständig und gleichmäßig wiederkehrende mechanische Arbeiten« verrichten konnte, stand ebenfalls im Verdacht des Schwachsinns. Hilfsschüler, deren »typische« Kennzeichen Frühkriminalität, Konflikte mit Schule und Polizei und »Kritiklosigkeit gegenüber Beeinflussungen« seien, waren ebenfalls verdächtig. Und schließlich seien Familien, aus denen »ein schwerer Alkoholiker stammt, (...) fast immer minderwertig«.[12]

»Bei der jetzigen Untersuchung stellt sich heraus, daß X. eine stumpfe, primitive Frau ist, die zwar im allgemeinen ausreichend über Zeitgeschehen Auskunft geben kann, deren Kenntnisse jedoch aus dem allgemeinen Lebenswissen und Fähigkeiten zum selbständigen Denken und eigener Urteilsfähigkeit eingeschränkt sind. Wenn auch die rein intellektuellen Defekte nicht schwerwiegend sind, so hat sie im praktischen Leben, insbesonders in der Haushaltsführung und der Erziehung der

Kinder völlig versagt, woraus auf einen Schwachsinn zu schließen ist. Es kommt hinzu, daß sie zeitweise erheblichen Alkoholmißbrauch betrieben hat, was sie als schwache, minderwertige Frau charakterisiert... Zusammenfassend ist Frau X. als eine schwachsinnige, charakterlich haltlose, minderwertige Frau zu bezeichnen, deren Fortpflanzung für die Volksgemeinschaft unerwünscht ist.«[13]

Maßgeblich beteiligt an der Ausarbeitung des »Erbgesundheitsgesetzes« war der Ministerialdirektor im Reichsinnenministerium Arthur Gütt. Er bezeichnete das Gesetz als »ausjätend wirkende Ausmerze«. Tatsächlich wurden Menschen wie Unkraut auf dem Feld behandelt. Aber man umgab sich dabei mit einer scheinbaren Legalität, denn es wurden 200 sogenannte »Erbgesundheitsgerichte« ins Leben gerufen. Sie waren den Verfahrensregeln der Zivilprozeßordnung unterworfen und bestanden aus einem Richter, einem niedergelassenen Arzt und einem Amtsarzt. Ihre Beschlüsse konnten zwar beim »Erbgesundheitsobergericht« angefochten werden, waren aber meistens unabänderlich und konnten auch gegen den Willen des Opfers durchgeführt werden. Allein bis 1936 waren rund 20000 Männer und Frauen von den Zwangssterilisationen betroffen, weitere 100000 kamen bis zum Beginn des Zweiten Weltkrieges hinzu. Danach nahm kriegsbedingt die Zahl der zwangsweisen Sterilisierungen etwas ab: 60000 wurden zwischen 1939 und 1945 wegen »besonders großer Fortpflanzungsgefahr« sterilisiert. Insgesamt also waren etwa 360000 Menschen von den Sterilisationen betroffen.[14]

Der im »Erbgesundheitsgesetz« aufgeführte Personenkreis galt in den Augen der nationalsozialistischen Machthaber als gesellschaftlicher Ballast. Diese Menschen waren weniger als Nichts, ihre Körper zur Verstümmelung freigegeben. Ganz abgesehen von dieser Liste zur Zwangssterilisation vorgesehener Menschen konnten willfährige Psychiater und Amtsärzte, Krankenpfleger, Hebammen, Zahnärzte, Gemeindeschwestern, Masseure, Heilpraktiker und »Anstaltsleiter« jeden »Mißliebigen« in eine der Gruppen einstufen und unters Messer bringen. Das »Erbgesundheitsgesetz« wurde laufend verschärft. Im Juni 1935 hieß es, bei schwangeren Frauen, die unfruchtbar gemacht wurden, könnte eine Abtreibung bis zum 6. Monat (!) durchgeführt werden; »mit Einwilligung der Schwangeren« fügte der Gesetzgeber höhnisch hinzu. In derselben Gesetzesverschärfung wurde festgelegt, daß Männer durch »Entfernung der Keimdrüse« von einem »entarteten Geschlechtstrieb« befreit werden sollten – sofern sie »einwilligten«. Diese Anordnung richtete sich besonders gegen Homosexuelle.[15]

Die im »Dritten Reich« zwangsweise durchgeführten Sterilisationen geschahen natürlich nicht im luftleeren Raum. Wissenschaftler und fanatische »Rassenforscher« waren daran ebenso beteiligt wie Schul- und Hochschullehrer, die ihren Schülern das »richtige« Verständnis der NS-Rassenpolitik beibrachten. In den Abschlußklassen aller Schultypen wurde per Erlaß vom 15. September 1933[16] der Unterricht in Vererbungslehre, Rassenkunde, Rassenhygiene, Familienkunde und Bevölkerungspolitik eingeführt. Auch in anderen Fächern, beispielsweise in Mathematik, wurden die Schüler massiv beeinflußt. Eine Aufgabe des »Rechenbuchs für Knaben- und Mädchenmittelschulen« aus dem Jahre 1936 sah so aus:

»Warum erbkranker Nachwuchs verhütet werden muß.

a. Erbminderwertige Familien haben erfahrungsgemäß eine höhere Kinderzahl als erbgesunde. – Nehmen wir an, es gäbe in einem Land gleichviel erbgesunde (A) und erbminderwertige (B) Ehepaare, von denen die Gruppe A durchschnittlich je 3, die Gruppe B durchschnittlich je 5 zur Heirat gelangende Kinder hätte. Die A-Kinder würden wiederum durchschnittlich je 3, die B-Kinder je 5 Nachkommen haben. In welchem Verhältnis würden die Nachkommen der beiden Gruppen nach 100 Jahren (= 3 Geschlechterfolgen), nach 200 Jahren stehen?

b. Der jährliche Aufwand des Staates für einen Geisteskranken beträgt im Durchschnitt 766 RM, ein Tauber oder Blinder kostet 615 RM, ein Krüppel 600 RM. In geschlossenen Anstalten werden auf Staatskosten versorgt: 167 000 Geisteskranke, 8300 Taube und Blinde, 20 600 Krüppel. Wieviel Millionen RM kosten diese Gebrechlichen jährlich? Wieviel erbgesunde Familien könnten bei 60 RM durchschnittlicher Monatsmiete für diese Summe untergebracht werden?«[17]

Es ist nicht schwer vorstellbar, daß bei derartig beeinflußten jungen Menschen Mitleid oder auch nur eine humane Einstellung gegenüber Schwachen gering entwickelt waren. Der Jenaer Universitätsprofessor Karl Astel, der später im thüringischen Innenministerium Staatsrat wurde, ging in der rassenhygienischen

Ausmerzung noch ein Stück weiter. Anläßlich der Gründungsveranstaltung der »Deutschen Gesellschaft für Rassenhygiene« Anfang Oktober 1938 forderte er die Unfruchtbarmachung von »Kriminellen, Arbeitsscheuen, Anti- und Asozialen«, da sie eine »wesentliche Beeinträchtigung der Lebenstüchtigkeit und damit Belastung des Volkes bedingen«.[18] Das Wort von den »Gemeinschaftsfremden« machte die Runde. »Gemeinschaftsfremd« waren »Stänkerer«, »Nichtsnutze«, »Taugenichtse«, »Querulanten« oder auch »Homosexuelle«, »Kinderschänder« und »Notzüchter«. Ein bis 1944 dauernder Diskussionsprozeß kam in Gang. Am Ende lag ein Gesetzentwurf vor, der aber nicht mehr realisiert werden konnte.[19] Auch wenn das Gesetz nicht mehr in Kraft trat, die »Begründungen«, die zu seiner Entstehung geführt haben, sind wichtig.

Bei der Erfassung von »Gemeinschaftsfremden« müsse man den Kreis der ärztlichen Wissenschaft verlassen und die Unfruchtbarmachung nicht nur als »erbbiologische«, sondern vor allem als »moralische« Maßnahme auffassen. Das war an sich nichts Neues. Schon vorher war der Hamburger Oberarzt Gerhard Kreyenburg dazu übergegangen, die Diagnose »moralischer Schwachsinn« zu stellen und daraufhin Zwangssterilisationen durchzuführen. Ein entsprechendes Gutachten sah dann so aus:

> **»In den Fürsorgeakten wird er als heruntergekommener Bettler oder Landstreicher bezeichnet. Er bezieht eine fünfzigprozentige Kriegsbeschädigtenrente wegen Lungen- und Darm-Tbc. Mit seinem Gelde verfährt er sehr unwirtschaftlich, raucht viel und betrinkt sich gelegentlich ... Er ist vorbestraft wegen Widerstands, Ruhestörung, öffentlicher Beleidigung und gefährlicher Körperverletzung. In den Wohlfahrtsakten hat er durch sein ungehöriges Benehmen oftmals den Dienstbetrieb gestört und Beamte tätlich angegriffen, so daß ein Hausverbot gegen ihn erlassen worden ist. Laut Gutachten ist C. ›ein geistig erheblich minderwertiges und für die menschliche Gemeinschaft völlig wertloses Individuum‹.«[20]**

Ein Beamter im Reichsjustizministerium, der an der »Begründung« des »Gemeinschaftsfremden-Gesetzes« arbeitete, sah seine Opfer vor allem bei jenen Menschen,

> **»die es nicht wert sind, Kinder zu haben, weil sie Lumpen sind ... Die künstliche Unfruchtbarmachung soll lediglich**

das natürliche Ausleseprinzip wiederherstellen, indem sie Fehler ausgleicht, die menschliche soziale Nieten erst hervorrufen.«[21]

Gegen die zur Zwangssterilisation oder auch zum Mord freigegebenen Menschen, die als störende Bestandteile des »Volkskörpers« denunziert worden waren, stand die »organisch gewachsene Volksgemeinschaft«. Diese »Volksgemeinschaft«, der nur »reinblütige« und folgsame Deutsche angehören durften, wurde inhaltlich nie näher definiert. Zwar wurden die germanischen Ahnen und die »Gemeinschaft nordischer Menschen« unablässig beschworen, aber abgesehen von nahezu willkürlichen Äußerlichkeiten wußte wohl niemand etwas mit der »Volksgemeinschaft« anzufangen. Alte Filme und Bilder zeigen etwas bis heute ganz und gar Unfaßbares: Während Hunderttausende auf der Flucht vor Gestapo und SS waren, während beinahe ebenso viele in Konzentrationslagern gequält wurden, während Verhaftungen und Totschlag an der Tagesordnung waren, während die jüdischen Geschäfte demoliert und jüdische Gotteshäuser in Brand gesteckt wurden, feierte die »deutsche Volksgemeinschaft« bei Bierseligkeit, Trachtentanz und bäuerlicher Schollenromantik. Das permanente Geschwafel von der »Volksgemeinschaft«, die sich »im großen Völkerringen« zu bewähren habe, machte die »Volksgenossen« blind für die wahren Zustände und die Not ihrer Mitmenschen.

Aber selbst die »Volksgemeinschaft« wurde nochmals unterteilt. Dem »neuen Adel« gehörte längst nicht jeder an; die »ungehemmte« Fortpflanzung war nicht bei jedem »Volksgenossen« erwünscht. Dem Prinzip der Ausmerzung stand das Prinzip der Auslese gegenüber. In Hitlers »Mein Kampf« sind die Grundzüge der nationalsozialistischen Rassenzüchtungspolitik festgeschrieben. Der »völkische Staat«, heißt es dort, habe dafür Sorge zu tragen, daß »Ebenbilder des Herrn« gezeugt werden und »nicht Mißgeburten zwischen Mensch und Affe«.[22] Walter Darré führte diesen Gedanken weiter und brachte ihn 1931 zu Papier. Er schlug vor, »Zuchtwarte« einzurichten, die über jeden »Volksgenossen« eine »Zuchtakte« anzulegen hätten. Den Frauen dachte Darré vier Kategorien zu:

»Klasse 1: Zur vollen Ehe tauglich (10 %). Aus ihnen kann der neue Edelmann frei wählen.

Klasse 2: keine grundsätzlichen Bedenken gegen die Verehe-

lichung, vorher aber Untersuchung und Genehmigung durch das Heroldsamt.

Klasse 3: Mädchen, gegen deren Verehelichung aus sittlichen und staatsbürgerlichen Gründen keine Bedenken vorliegen, deren erbwertiger Zustand aber in jedem Falle eine Unterbindung der Nachkommenschaft verlangt (Sterilisation).

Klasse 4: Grundsätzlich von der Ehe ausgeschlossen.«[23]

Die Darstellung der NS-Rassenpolitik ist aus heutiger Sicht ein Beispiel unglaublicher Menschenverachtung. Diese Zeit scheint weit hinter uns zu liegen, was also haben wir noch damit zu tun?

Sehr viel: Die Debatte um eugenische Eingriffe ins menschliche Leben ist mit den neuen gentechnischen Möglichkeiten aktueller denn je. Nicht nur abseitige Spinner propagieren pränatale Eingriffe und forcierte Sterilisationen. Ein gynäkologisches Standardlehrbuch, der »Kepp/Staemmler«, meint 1980 zu Sterilisationen:

»Bei der sozialen Indikation zur Sterilisation handelt es sich um die Verhütung des Nachwuchses von Personen, die wegen psychischer Störungen oder asozialer Lebensführung zur Betreuung von Kindern ungeeignet sind, wie Dirnen, Trinker, Landstreicher. Diese auf Freiwilligkeit beruhende Indikation ist geeignet, viel soziales Elend zu verhindern.«[24]

Katharina M. ist Opfer der NS-Zwangssterilisationen – und sie lebt unter uns. Ihr Schicksal endet nicht mit dem Jahr 1945, sondern reicht bis in die Gegenwart: Sie ist allein, hat keine Familie gründen können. Sie hat ständig Unterleibschmerzen, weil der chirurgische Eingriff stümperhaft ausgeführt wurde, mehrere Folgeoperationen waren notwendig. Sie muß bis heute darum kämpfen, als Opfer der NS-Verbrechen anerkannt zu werden. Ich lernte Katharina M. Anfang 1988 bei einer Recherche für die »Kölner Illustrierte« kennen. Einen Satz aus dem Interview, das ich damals mit ihr führte, habe ich nie vergessen:

»Ich fühle mich nach wie vor vernachlässigt, auf der ganzen Linie, nicht nur beim Wiedergutmachungsfall.«

Dieser Satz macht deutlich, daß sich die Bundesrepublik Deutschland nicht genügend um die Opfer des nationalsozialistischen Rassenwahns gekümmert hat. Katharina M. begann nach dem Krieg eine Ausbildung als Krankenschwester. Sie konnte ihren Lebensunterhalt selbst verdienen; viele ihrer Leidensgenossen waren dazu nicht in der Lage. Sie leben in ärmlichen Verhältnissen, zurückgezogen aus Angst vor neuerlichen Denunzierungen, sind oft auf Sozialhilfe angewiesen. »Da muß doch etwas dran gewesen sein« – diesen Satz haben sie nach 1945 öfters über sich ergehen lassen müssen. Häufige Arztbesuche sind die Regel, weil die Verstümmelung ihres Körpers immer wieder Schmerzen bereitet; ein »normales« Familienleben gelang in den wenigsten Fällen. Katharina M. mußte sich sogar anhören, wie ein Arzt, anstatt sie zu behandeln, sie zum Psychiater schicken wollte.

Hohen NS-Funktionären, die vielfach in die Verbrechen des »Dritten Reiches« verstrickt waren, erging es in der Bundesrepublik Deutschland besser als ihren Opfern. Im Nürnberger Kriegsverbrecher-Prozeß 1946 zu lebenslanger Haft verurteilt, wenige Jahre später aber aus der Haft entlassen, erhielt ein Staatssekretär des Reichsluftfahrt-Ministeriums nicht nur eine Heimkehrer-Entschädigung, sondern obendrein auch noch eine Jahrespension von über 15 000 DM. Er war zuständig für die »Bereitstellung von Zwangsarbeitern« in einem unterirdischen Flugzeugwerk. Sein Kollege aus dem Reichsjustizministerium, 1950 aus der Haft entlassen, bekam eine Nachzahlung von 190 000 DM und monatlich eine Pension von 2000 DM. Auch für den KZ-Arzt aus Buchenwald, zum Tode verurteilt, aber 1952 begnadigt, war es mit einer Spätheimkehrer-Hilfe von 3000 DM, einer Existenzaufbauhilfe von 25 000 DM und der Zulassung als Kassenarzt sehr viel einfacher als für Katharina M.[25]

Während die einen mit hohen Pensionen bedacht wurden, ging Katharina M. bis Mitte der 70er Jahre leer aus. Dann erst begann sie, um ihre Wiedergutmachung zu kämpfen – und das wurde ein Stück aus dem Gruselkabinett der bundesdeutschen »Vergangenheitsbewältigung«.

1974 erhält sie von der Bundesrepublik eine einmalige »Entschädigungszahlung« von 5000 DM, muß aber gleichzeitig und als Bedingung für die Auszahlung ein Formular unterschreiben, daß sie in Zukunft keine weiteren finanziellen Forderungen zu erheben beabsichtigt. Katharina M. stellt dennoch einen Antrag auf »Entschädigung wegen erlittener Sterilisation« nach dem »Allgemeinen Kriegsfolgen-Gesetz«, weil sie die 5000 DM als Beleidigung empfindet. Am 23. August 1974 wird ihr Antrag von der Oberfinanzdirektion Hannover abschlägig beschieden:

»Sie begründen Ihren angemeldeten Schadensanspruch damit, daß Ihnen durch die durchgeführte Sterilisation Mutterfreuden versagt geblieben sind. Sie machen einen immateriellen Schaden geltend, für den als Anspruchsgrundlage nach geltendem Recht lediglich § 847 BGB in Frage kommen könnte, zu dessen Anwendung aber eine widerrechtliche Verletzung des Körpes erste Voraussetzung ist. Da jedoch der Eingriff aufgrund eines Beschlusses des Erbgesundheitsgerichts Berlin durchgeführt worden ist, fehlt bereits diese Voraussetzung.«

Hier werden in schönstem Beamten-Deutsch die NS-Erbgesundheitsgerichte, die mit wirklichem Recht nichts zu tun hatten, nachträglich zu echten Gerichten aufgewertet. Aber damit nicht genug. Katharina M. beginnt einen umfangreichen Schriftverkehr mit dem Finanzministerium, dem Bundeskanzler, dem Justizministerium, dem Bundesverfassungsgericht, dem Bundespräsidenten und schließlich mit dem Petitionsausschuß des Deutschen Bundestags. Zwar zeigt man überall Mitgefühl, erklärt sich aber gleichzeitig für nicht zuständig oder verweist auf zu erwartende Bundestagsdebatten und gesetzgeberische Maßnahmen.

Am 9. Juli 1986 schließlich läßt sich ein hoher Beamter des Bonner Finanzministeriums zu einem Satz herab, der an Zynismus kaum zu überbieten ist:

»Ich weise Sie nochmals darauf hin, daß eine über die Ihnen – mit Ihrem ausdrücklichen Einverständnis zur Abgeltung aller Ansprüche wegen der Sterilisation – gewährte einmalige Härteleistung in Höhe von 5000,– DM hinausgehende Entschädigung nach geltendem Recht auch nicht möglich ist, wenn seinerzeit die Indikation für eine Unfruchtbarmachung möglicherweise irrtümlich angenommen worden war.«[26]

Katharina M. fühlte sich durch dieses Schreiben erneut diskriminiert. Immerhin scheint dieser promovierte Beamte davon auszugehen, daß die NS-Zwangssterilisationen im allgemeinen nicht »irrtümlich«, dafür aber im Einklang mit dem Recht durchgeführt wurden. Die Einsicht, daß es sich bei den NS-Zwangssterilisierungen insgesamt um ein Unrecht gehandelt hat, scheint sich bei ihm noch nicht herumgesprochen zu haben.

Trotz allem gibt Katharina M. nicht auf. Mittlerweile hat sie ihre Wohnung in ein Büro verwandelt und den »Bund der ›Euthanasie‹-Geschädigten und Zwangssterilisierten« (Meiersfelder Straße 7, 4931 Detmold) gegründet. Dort bekommen ihre Leidensgenossen Mut und Trost zugesprochen. Gleichzeitig versucht sie Einfluß zu nehmen auf die Politik, versucht den Opfern eine Lobby im Deutschen Bundestag zu verschaffen. Das ist auch notwendig – mehr als 40 Jahre, nachdem die letzten Zwangssterilisationen durchgeführt wurden.

Ich weiß bis heute nicht warum

»Was soll ich hier?« schoß es Katharina durch den immer noch dumpf pochenden Kopf. Die grellen Wände des weiß gekalkten Zimmers brannten in ihren Augen, das Licht der Deckenbeleuchtung verursachte stechende Schmerzen. Um sie herum standen ein Arzt und eine Krankenschwester. Langsam kehrte die Erinnerung zurück: die Wendeltreppe, der Sturz und der Schlag gegen den Kopf, bevor sie für einige Zeit das Bewußtsein verloren haben mußte.

»Ist sie aufgewacht?« hörte sie den Arzt fragen.

»Ja, scheint so«, darauf die Krankenschwester.

»Wo bin ich hier, was machen Sie mit mir?« Katharina M. hörte ihre eigene Stimme wie durch eine Nebelwand. Unfähig, sich dagegen zu wehren, merkte sie, wie sie auf die Seite gelegt wurde. Danach wurde es wieder dunkel, eine Spritze ließ sie in tiefen Schlaf fallen.

Seit Anfang 1940 arbeitete Katharina M. als Praktikantin in einem Erholungsheim der AOK im schleswig-holsteinischen Freudesholm. Sie hatte lange Zeit über ihren Beruf nachgedacht, wollte schließlich Krankenschwester werden. Das Erholungsheim wurde von einer Schwester des Roten Kreuzes geleitet. An sie hatte sich Katharina gewandt, um später einmal eine richtige Ausbildung als Krankenschwester beginnen zu können.

Eigentlich hätte dem nichts im Wege gestanden, wenn da nicht die Geschichte mit ihrem Bruder gewesen wäre. Gustav war im Jahr zuvor, im »Landjahr«, an einer fiebrigen Infektion erkrankt. Die Ärzte hatten seine Fieberträume als Halluzination bezeichnet und ihn deshalb in die Nervenheilanstalt Eickelborn eingeliefert. Kurz danach war der Lagerführer zur Familie M. gekommen.

»Ich kann das auch nicht verstehen. Ihr Sohn hatte viele Freunde in unserem Lager, er war ein guter Kumpel – und jetzt das.« Der Lagerführer war ganz offensichtlich von der Einweisung in eine Nervenheilanstalt überrascht worden.

»Aber aus welchen Gründen haben ihn die Ärzte denn nach Eickelborn gebracht? Gustav war doch immer gesund«, fragte Katharinas Mutter.

Was ist Rasse? Rasse ist eine Gruppe von Menschen, die sich durch die ihr eigenen vererblichen körperlichen, geistigen und seelischen Eigenschaften von jeder anderen Menschengruppe unterscheidet; an staatliche Grenzen ist sie nicht gebunden.

Was ist Hygiene? Unter Hygiene versteht man Pflege der Bestrebungen zur Verhütung von Krankheiten sowie zur Gesunderhaltung und Ertüchtigung von Körper und Geist.

So ist Rassenhygiene die Pflege des im deutschen Volkskörper vorhandenen wertvollen Erbgutes, also im wahrhaften Sinne:

V O L K S P F L E G E

Aufklärung und Erziehen zu naturgesetzlichem (-biologischem) und rassehygienischem Denken und Betrachten ist notwendig.

Gesundheitsamt Nürnberg

Progandaplakat des Gesundheitsamtes Nürnberg

»Ich kann Ihnen das wirklich nicht beantworten. Ich weiß nicht, was die Ärzte zu ihrer Entscheidung bewogen hat«, entgegnete er.
»Dürfen wir ihn wenigstens besuchen?«
»Auch das kann ich Ihnen nicht sagen. Die Verantwortung für Ihren Sohn liegt bei den Ärzten, die ihn nach Eickelborn überwiesen haben. Rufen Sie dort doch mal an, oder setzen Sie sich schriftlich mit der Anstaltsleitung in Verbindung«, war seine zwar mitfühlende, aber nicht sehr hilfreiche Antwort.
Katharina M. hatte bis zu jenem Ereignis keine Schwierigkeiten im nationalsozialistischen Deutschland gehabt. Wie fast alle ihre Freundinnen ging auch sie zum »Bund Deutscher Mädel«, freute sich über die Fahrten, die dort gemacht wurden, und fühlte sich in der Gemeinschaft ihrer Gruppe wohl. 1936, als in Berlin die Olympiade stattfand, waren sie und ihr Bruder begeistert. Eine neue Zeit schien angebrochen und eine wahre Volksgemeinschaft entstanden zu sein, zu der auch sie gehörten. Die deutsche Volksgemeinschaft war damals in aller Munde, jeder – egal ob arm oder reich – sollte gleichberechtigt dazugehören. Katharinas Vater war in SA und Partei eingetreten, hatte nach sieben Jahren

endlich wieder Arbeit bekommen – auf dem Reichssportfeld in Berlin. Langsam geht es wieder aufwärts, sagte er immer, aber es dauert eben seine Zeit, bis alles wieder aufgeholt ist.
Wie die meisten anderen hatte auch Katharina M. bis dahin nicht bemerkt, daß längst nicht jeder zur neuen Volksgemeinschaft der Deutschen gehören durfte. Von den Rassengesetzen der Nationalsozialisten hatte sie nie etwas gehört. Aber jetzt, wo ihr Bruder mit einer angeblichen Nervenkrankheit in eine geschlossene Anstalt eingewiesen worden war, begann sie zu ahnen, daß sie mit einem »erbkranken« Bruder wahrscheinlich nicht Krankenschwester werden konnte. Die DRK-Schwester war immer freundlich zu ihr gewesen, und Katharina brauchte jemanden, den sie um Hilfe und Rat bitten konnte. Ihr hatte sie erzählt, daß Gustav nach Eickelborn gekommen war.
»Tja, das ist eine schlimme Geschichte.«
»Kann ich denn nun trotzdem Krankenschwester werden, was meinen Sie? Ich hab' gehört, daß man einen arischen Stammbaum nachweisen muß und daß keine Erbkrankheiten in der Familie vorliegen dürfen, wenn man Schwester werden will«, war die bange Frage, die Katharina stellte.
»Ich kann Ihnen das beim besten Willen nicht beantworten. Mit derartigen Fragen befassen sich andere Stellen«, antwortete die Schwester ausweichend. Von jenem Tag an kühlte sich das gute Verhältnis der beiden merklich ab. Katharinas Hoffnung auf Hilfe jedenfalls erfüllte sich nicht.
Die Zeit in Freudesholm war aufregend. Einerseits machte ihr die Arbeit sehr viel Spaß, andererseits wanderten ihre Gedanken immer wieder zu Gustav. Was mochte aus ihm geworden sein? Wenn es ihr Dienst erlaubte und sie ein wenig Zeit für sich hatte, grübelte Katharina darüber nach, warum ausgerechnet Gustav in eine Irrenanstalt eingeliefert worden war. Manchmal bemerkte sie, wie sie sich gegen den Gedanken wehren mußte, daß es eine »Schande« war, einen solchen Bruder zu haben.
Um acht Uhr ging ihr Dienst los. An diesem Morgen hatte sie sich etwas verspätet, hastete aus ihrem kleinen Zimmer durch den Flur zu der engen Wendeltreppe. Zwei Stufen auf einmal nehmend, rannte sie hinunter, stolperte, stürzte mit dem Kopf auf einen Treppenabsatz. Wie benebelt lag sie am Ende der Treppe, als sich der Arzt des Erholungsheims besorgt über sie beugte. In weiter Ferne hörte sie das Öffnen des Klappkoffers und sah, wie

der Arzt mit einer Glasampulle hantierte. Dann versank sie in tiefen Schlaf. Nasenbluten habe sie gehabt, eine Gehirnerschütterung, liest sie viele Jahre später in ihrem Krankenblatt. Viel später wird sie auch erst begreifen, daß es die freundliche Schwester war, die sie in die geschlossene Abteilung der Nervenheilanstalt in Neustadt verbringen ließ.

Als Katharina M. zum zweitenmal in der Klinik aufwachte, war es ruhig. Sie richtete sich ein wenig auf. Neben ihr schlief eine ältere Frau, die anderen Betten standen wie an einer Schnur gezogen dicht an dicht in drei Reihen. Überall lagen Frauen, die entweder schliefen oder mit offenen Augen, aber schweigend umherblickten. Bei manchen hatte es den Anschein, als stierten sie durch etwas hindurch, andere schienen in einer ganz anderen Welt zu sein. Ihr depremierender Anblick machte Katharina angst. Was hatte man mit ihnen gemacht, fragte sie sich, ohne zu begreifen, daß sie in derselben Lage war. Es mögen wohl 60 Frauen in dem Raum gewesen sein, dessen hohe Fenster mit dicken, in die Außenwände versenkten Eisenstäben vergittert waren.

Wieviel Uhr ist es jetzt wohl, welchen Tag haben wir heute? Sie griff sich ans Handgelenk, die Uhr hatte man ihr abgenommen. »Wieviel Stunden oder Tage liege ich hier schon?« murmelte sie vor sich hin, ohne auf eine Antwort zu hoffen. Nach einer Weile stand sie auf. Wenn sie sich auf die Zehenspitzen stellte, konnte sie durch das Gitter in einen Garten sehen, dessen friedlicher Anblick zu einem Spaziergang lockte. Sie ging an den anderen Betten vorbei zur Tür. Niemand schien Notiz von ihr zu nehmen, es herrschte bedrückende Stille. Sie drückte die Klinke hinunter, ließ sie verschreckt gleich wieder los – verriegelt. Du kommst hier nicht wieder raus, das ist eine geschlossene Abteilung, raste es durch ihren Kopf. Nie wieder, es sei denn, sie lassen dich gehen! Sie versuchte es noch ein paarmal, aber die Tür ließ sich nicht öffnen. Resigniert legte sie sich wieder ins Bett. Nur nicht aufregen, erst mal abwarten, was passiert, sagte sie sich. Langsam wurde es draußen dunkel, der Krankensaal wurde in abendliches Dämmerlicht getaucht. Bald kamen zwei Schwestern herein.

»Was soll ich hier, was machen Sie mit mir?« rief Katharina M. Aber die Schwestern beantworteten ihre Fragen nur mit eisigem

Schweigen. Die Spritze hatte ihre Wirkung noch nicht verloren. Katharina merkte, wie sie ermattete. Sie fiel für einige Zeit wieder in einen unruhigen Schlaf.
Am Morgen kamen Pfleger und Schwestern in den Krankensaal, ein alltäglich wiederkehrender Ritus begann. Die Betten wurden gemacht, der Saal ein wenig gesäubert, es gab etwas zu essen, und durch den mittleren Gang wurde ein Wagen mit medizinischen Instrumenten, Mullverbänden und Spritzen geschoben. Manchmal hielt der Wagen vor einem Bett, die Schwester las dem Arzt aus einem großen weißen Blatt Zahlen und Fremdworte vor. Der nickte ab und zu, trug Bemerkungen in ein Notizbuch ein, betrachtete die Patientin. Dann zog die Schwester eine Spritze mit einer durchsichtigen Flüssigkeit auf, schlug die Bettdecke zurück, reichte dem Arzt die Spritze. Ohne mit der Frau zu sprechen, verabreichte er der Frau die Injektion. Die meisten Frauen waren zu apathisch, um sich zu wehren.
Diese Prozedur hatte sich ein paarmal wiederholt, dann stand der Wagen vor ihrem Bett. Katharina M. rutschte unwillkürlich ein Stück weiter unter die Bettdecke.
»Na, Frau M., wie geht's uns denn heute?« fragte einer der beiden Pfleger.
»Och, na ja, soweit ganz gut.«
»Hätten Sie nicht Lust, uns ein bißchen zu helfen? Ich meine, den Wagen zu schieben, Betten machen und den Tisch decken? Sie sehen ja, manche Patienten können sich nicht so gut selber helfen, und wir sind nicht genügend Leute, um die ganze Arbeit allein zu schaffen.« Dabei deutete er mit einer Armbewegung auf einige Frauen, die geistesabwesend auf der Kante ihres Bettes hockten und manchmal grundlos lachten, um im nächsten Moment wieder in ebenso grundloses Schweigen zu verfallen.
Katharina M. zögerte mit der Antwort einen Moment. Was sollte sie machen? Vielleicht war es ja besser, den Wagen zu schieben, als selbst eine Spritze zu kriegen?
»Ja, wenn Sie meinen, dann helfe ich Ihnen gerne.«
Fortan hatte sie einen nahezu geregelten Tag in der Nervenklinik Neustadt. Nachdem die Betten gemacht waren, schob sie den Wagen vor sich her. Der Arzt, der die Spritzen setzte, beachtete sie kaum. Er war schweigsam, ließ sich ab und zu das Krankenblatt einer Patientin geben, schüttelte den Kopf, gab knappe Anweisungen an Pfleger und Schwestern.

Was ist Sterilisierung?

-Unfruchtbarmachung-

Unterbrechung
des Samenleiters beim Manne
oder
der Eileiter bei der Frau
durch ärztlichen Eingriff
ohne Veränderung
der Keimdrüsen
-also der Hoden und Eierstöcke-
bei
völliger Erhaltung
des Geschlechtsempfindens

O

NS-»Aufklärungsplakat« zu Zwangssterilisationen,
aus: »Deutsches Gold«, 1942

Die Spritzen waren mit Insulin gefüllt. In der Menge, wie es hier verabreicht wurde, löst Insulin krampfartige Schocks aus. Die Frauen verloren das Bewußtsein, dämmerten apathisch vor sich hin oder fielen für Stunden ins Koma. Später bekamen sie durch eine Nasensonde Traubenzucker zugeführt. Das Erwachen war begleitet von Erbrechen, den Frauen fehlte danach jede Erinnerung. Manchmal verbreitete sich ein penetranter Geruch im Saal, weil einige der mit Insulin vollgepumpten Frauen ins Bett näßten. Tage später noch litten sie unter Bewußtseinstrübung und Übelkeit.

Katharina hatte insgeheim gehofft, durch ihre Hilfstätigkeit von den Spritzen verschont zu bleiben. Aber die Hoffnung trog. Eines Morgens bedeutete man ihr, sie solle im Bett bleiben. Jemand anderes schob an ihrer Stelle den Wagen. Kurz danach stand der Arzt vor ihrem Bett. Sie wußte genau, was nun passieren würde. Nein, schrie es in ihr. Der Arzt ordnete durch Kopfnicken auch für sie eine Insulinschock-Behandlung an. Katharina M. hatte zu oft gesehen, wie anderen die Spritze gegeben wurde, und sie wußte, jede Gegenwehr war zwecklos. Sie krampfte ihre Finger in die Bettdecke, aber die Schwester schlug sie mit Routine zurück. Katharina sah noch, wie der Arzt die gefüllte Ampulle gegen das Licht hielt, einen kleinen Strahl herausdrückte und sich zu ihr hinunter beugte. Dann umgab sie nur noch Dunkelheit.

Ihr fehlt bis heute jede Erinnerung an die Zeit, in der sie vom Insulin umnebelt auf ihrem Bett vor sich hin gedämmert hat. Aufgestanden sei sie, unverschämt viel gegessen habe sie und anderen Patienten etwas weggenommen, wird sie später in ihrer Krankengeschichte lesen.

Die Tage vergingen. Katharina M. weiß heute nicht mehr, wie lange sie in der Nervenklinik war – vielleicht sechs Wochen, vielleicht zwei Monate.

»Sie können nach Hause, Ihre Mutter erwartet Sie«, sagte ihr eines Tages die Schwester.

»Sie meinen, ich kann wirklich gehen?« Katharina konnte das soeben Gehörte nicht glauben. Darauf hatte sie in den letzten Tagen nicht mehr gehofft, sie hatte sich schon fast mit ihrem Schicksal abgefunden.

»Ja. Sie können gehen. Sie sind entlassen.«

Katharina raffte ihre wenigen Habseligkeiten zusammen, warf noch einmal einen Blick in den Krankensaal, den sie ihr ganzes

Leben nicht mehr vergessen würde. Tatsächlich wartete ihre Mutter am Eingang der Klinik. Sie gingen eine Weile schweigend nebeneinander her, bis sie weit genug von der Klinik entfernt waren.
»Katharina, wie geht's dir? Ich hab' die ganze Zeit versucht, dich zu besuchen, aber ich durfte nicht. Was haben die mit dir gemacht?«
»Nichts, Mutter, nichts«, entgegnete sie wortkarg. Sie war nicht in der Lage, die Erlebnisse in der Klinik wiederzugeben. Schon bei den ersten Schritten in Freiheit war ihr klar, daß sie diese Erinnerungen würde verdrängen müssen. Sie wollte ein neues Leben ohne Ärzte, Schwestern und Spritzen beginnen. Jetzt sofort.
»Aber es war ganz schrecklich«, begann sie dann doch. »All die kranken Menschen und diese furchtbaren Spritzen. Wir durften nur ganz selten an die frische Luft. Wenn die Pfleger Lust hatten, dann durften wir einen Rundgang durch den Garten machen. Das war alles, und dabei hab' ich immer entsetzlich gefroren.«
Sie faßten sich an der Hand, gingen ein Stück weiter. Die frische Frühlingsluft und das Treiben der Menschen auf den Straßen taten Katharina gut.
»Sag, wo ist Gustav, ist er wieder zu Hause?« fragte sie nach einer Weile.
»Nein, aber sie haben ihn in die Charité nach Berlin verlegt. Vielleicht können wir ihn bald mal besuchen.«
»Ist Vater noch an der Front?«
»Ja.«
»Hast du etwas von ihm gehört?«
»Nein, leider schon eine ganze Weile nichts.«
Noch auf der Heimfahrt von Neustadt nach Berlin beschloß Katharina M., ihren Bruder bald in der Charité zu besuchen. Sie grübelte darüber nach, warum ausgerechnet sie und ihr Bruder in geschlossene Anstalten eingewiesen worden waren. Außer Kinderkrankheiten war doch in der Familie nie etwas gewesen, auch ihre Mutter wußte von keinem Nervenleiden. Und warum entließ man Gustav nicht wieder? Was hatten sie mit ihm vor? Manchmal empfand sie ihre Entlassung als unverdientes Glück – warum gerade sie und nicht Gustav? Oder war er wirklich krank, und niemand aus der Familie hatte es gewußt?
 Nach ungefähr zwei Wochen machte sie sich auf den Weg in die

Charité. Vom Pförtner wurde sie in ein Besucherzimmer geschickt, wo schon andere Angehörige von Patienten auf ihre Besuchserlaubnis warteten.

»Guten Tag, mein Name ist Katharina M., ich möchte meinen Bruder Gustav besuchen«, sagte sie der Schwester im Anmelderaum, durch dessen große Fenster man ins Wartezimmer sehen konnte.

»Um eine Besuchsgenehmigung zu erhalten, müssen Sie dieses Formular ordnungsgemäß ausfüllen und mir unterschrieben zurückgeben«, lautete die stereotype Antwort der Schwester. Dabei schob sie ihr einen Zettel über den Schreibtisch. Als sie den ausgefüllten Zettel zurückreichte, bedeutete ihr die Schwester, sie möge im Zimmer nebenan Platz nehmen und warten, bis sie aufgerufen würde.

Nach und nach kamen immer mehr Menschen in den kleinen Raum. Einige mußten stehen, weil die Stühle nicht ausreichten. Manchen konnte man ansehen, daß sie einen Routinebesuch machten, andere Gesichter verrieten angstvolle Ungewißheit. Katharina saß auf ihrem Stuhl, in Gedanken versunken. Die Zeit verstrich, ab und zu wurde ein Name aufgerufen, die Tür öffnete sich von außen, und der Aufgerufene verschwand in Begleitung einer Schwester aus dem Wartezimmer. Katharina wurde langsam unruhig, denn viele, die nach ihr gekommen waren, hatten bereits ihre Besuchsgenehmigungen, während sie immer noch wartete. Sie hatte sich die Gesichter genau gemerkt und war ganz sicher, daß sie eigentlich vor ihnen hätte dran sein müssen.

Sie ging zum Anmeldezimmer, sah durch die Scheibe, klopfte an die Tür und fragte, warum sie immer noch warten müsse. Das wisse sie auch nicht, sie solle sich noch ein wenig gedulden, sagte ihr die Schwester. Nach einer Weile versuchte Katharina M. es noch einmal.

»Ich glaube, jetzt bin ich mal dran. Ich warte doch schon viel länger als die anderen auf meine Besuchserlaubnis. Wie lange soll das denn noch dauern?«

»Regen Sie sich nicht auf, Sie kommen auch noch dran«, hörte sie die Schwestern sagen.

Plötzlich standen zwei Pfleger neben ihr, faßten sie unter beiden Armen und führten sie über einen langen Gang in ein kleines, schäbiges Zimmer. Dort eröffneten sie ihr, daß sie hier bleiben müsse.

Was ist Kastration?

– Entmannung –

Entfernung der Keimdrüsen

– also der Hoden –

dadurch

günstige Einwirkung

auf ein

entartetes Triebleben

•

Heilmaßnahme

zum Schutz

vor Sittlichkeitsverbrechen

•

Notwendiger Eingriff

um gefährliche Kinderfreunde

unschädlich zu machen

NS-»Aufklärungsplakat« zu Zwangssterilisationen,
aus: »Deutsches Gold«, 1942

»Warum, was habe ich getan, ich will meinen Bruder besuchen, wo ist Gustav?« schrie Katharina M.
»Reine Routine, und am besten regen Sie sich erst gar nicht auf«, antwortete grinsend einer der Pfleger. Sie hatte in Neustadt gelernt, daß es manchmal wirklich besser war, sich nicht aufzuregen, sondern einen klaren Kopf zu behalten. Sie fügte sich den Anordnungen der Pfleger, zog sich aus, bekam Krankenhauswäsche, ging hinter den beiden her eine Treppe hinunter, dann über endlose Gänge vorbei an gleich aussehenden Türen. Plötzlich blieben sie stehen.
»So, da wären wir.« Der Pfleger schloß eine schwere Eisentür auf, in deren Mitte ein kleines Gucklock war, und stieß Katharina ein Stück vorwärts. Sie stand in einem winzigen Verschlag; kaum größer als ein Badezimmer. Durch den noch geöffneten Türspalt fiel der matte Lichtkegel einer Flurbeleuchtung. Dann hörte sie hinter sich das Klappern der Schlüssel, und die massive Tür schnappte ins Schloß.

Das Loch in der Tür war die einzige Lichtquelle für die Zelle. In der Mitte lag auf dem Fußboden eine feuchte Matratze, in der Ecke stand ein Eimer, unter dessen abbröckelndem Emailüberzug der Rost zum Vorschein kam. Die Feuchtigkeit der kahlen Wände und der Eimer für die tägliche Notdurft sorgten für einen unerträglich beißenden Geruch in der Zelle. Ein Fenster gab es nicht, frische Luft kroch unter dem Türspalt hinein. Katharina ließ sich auf die Matratze fallen, hämmerte mit den Fäusten auf die harte Erde, begann hemmungslos zu weinen. »Dann will ich lieber tot sein, als in diesem Dreckloch zu verrecken«, schrie sie in die trostlose Dunkelheit. Gleich darauf fiel sie in mutloses Schweigen, weil sie hier unten sowieso keiner hören würde. So verging Stunde um Stunde, bis sie Schritte und das Klappern eines schweren Schlüsselbundes hörte. Schon vorbei, dachte sie. Jemand öffnete die Tür, schob durch einen kleinen Spalt einen Blechnapf hinein. Wortlos. Dann schloß dieser Jemand die Tür wieder, seine Schritte verhallten.
Sie betrachtete den Napf. Ihr Magen rebellierte schon von Geruch und Anblick dieser ihr ungenießbar erscheinenden Mahlzeit. Sie probierte, würgte einen Bissen herunter, ließ den Rest stehen. Später wurde die Tür noch einmal geöffnet, jemand nahm den Blechnapf wieder heraus, der Eimer wurde geleert. Dann

wieder Ruhe, unerträgliche Stille, Einsamkeit, kein Wort, kein Geräusch zu hören. An ihrer Müdigkeit merkte Katharina, daß es jetzt wohl Nacht sein mußte. Schlafen konnte sie nicht, sie wälzte sich auf der Matratze hin und her, bis die Tür wieder aufging, der Blechnapf hineingeschoben wurde und wieder Stille war.

Nach einiger Zeit wußte Katharina M. nicht mehr zu unterscheiden zwischen Tag und Nacht. Sie verlor allmählich das Zeitgefühl, wußte nicht mehr, ob sie Tage oder erst Stunden in der Zelle war. Jedesmal, wenn die Zellentür in stets gleicher und schweigender Weise geöffnet und wieder geschlossen wurde, überlegte sie, ob es Frühstück oder Abendessen sein sollte. Das Bedürfnis, sich zu waschen, wurde übermächtig. Die lassen dich hier tatsächlich in deinem eigenen Dreck vor die Hunde gehen, ging es ihr häufig durch den Kopf. Selbst der Tod schien ihr nicht mehr fremd, manchmal dachte sie, der Tod ist bestimmt eine Erlösung. Dann quälen sie dich wenigstens nicht mehr, dann hätte ich auch keine Angst mehr vor Spritzen, dann wäre auch die Ungewißheit vorbei, was mit Gustav geschieht. Er ist im gleichen Krankenhaus, und ich kann ihn nicht sehen. Aber der Wunsch zu leben war größer. Wenn ihre Ohnmacht und Wut zu groß wurden, schlug sie mit bloßen Händen gegen die Eisentür. Aber es gab keine Reaktion. Noch nie war ihr die Zeit so lang vorgekommen wie in dieser verdammten Einzelzelle.

Irgendwann öffnete sich die Tür, ohne daß der Blechnapf hineingeschoben wurde. Das helle Licht des Flurs blendete, sie hielt sich die Hand vors Gesicht, stolperte auf den Gang und folgte dem Pfleger, der ihre Isolierhaft beendete. Wieder ging es eine Treppe hinauf, über endlose Flure an gleich aussehenden Türen vorbei. Manche Zimmer hatten große Glasscheiben wie das Besucherzimmer. Überall sah sie Frauen. Sie war beinahe froh, als der Pfleger eine der Türen öffnete und ihr am Ende des Zimmers ein Bett zuwies. Hier waren wenigstens Menschen, hier gab es ein Fenster nach draußen, und hier waren erträgliche hygienische Zustände.

Zum zweitenmal innerhalb kurzer Zeit stand Katharina M. vor einer unbegreiflichen Situation. Sie wollte ihren Bruder besuchen, mit ihm reden, ihn aufmuntern. Statt dessen war sie nun selbst wieder eingesperrt in einem Krankenhaus, das seinen Namen schon längst nicht mehr verdiente, irgendwelchen Ärzten

und Pflegern wehrlos ausgeliefert. Langsam, fast vorsichtig setzte sie sich auf die Bettkante.
Der Raum war etwas kleiner als in Neustadt, die Fenster lagen höher. Hier konnte sie selbst auf Zehenspitzen nur einen kleinen Ausschnitt des Gartens sehen, der von hohen Mauern umgeben war. Er schien ungepflegter und kleiner, die Mauern machten einen bedrückenden Eindruck auf sie. Wenigstens waren die Türen nicht von außen verschlossen. Die anderen Frauen schliefen entweder oder liefen planlos im Zimmer umher. Das kenn' ich schon, dachte Katharina, die haben bestimmt 'ne Spritze gekriegt. Manche trugen dicke Verbände um den Kopf, andere hatten sich Kopftücher umgebunden. Ihre Gedanken wanderten zu Gustav. Sie waren im gleichen Krankenhaus, eigentlich nah beieinander und doch so weit getrennt. Wie wird es ihm jetzt wohl gehen; haben sie ihn auch gespritzt?
Katharina M. verfiel in Schweigen, wie die anderen in ihrem Zimmer auch. Sie zog sich zurück in ein Schneckenhaus, lebte die nächsten Tage in Apathie. Mechanisch tat sie, was man von ihr verlangte. Ein Überlebenskampf in völliger Abgeschiedenheit begann. Ihre Erinnerungen an Gustav, an zu Hause und an das Leben vor den beiden Nervenkliniken hielten sie am Leben. Die Tage vergingen, manchmal mußte sie in ein anderes Zimmer umziehen. Ein ständiger, scheinbar planloser Wechsel von der »leichten« in die »schwere« Abteilung und wieder zurück begann. Bisweilen fragte sie nach dem Sinn ihrer Umzüge, ohne eine Antwort zu bekommen. Für Katharinas Tagesablauf allerdings war es wichtig, in welcher Abteilung sie gerade lag. Denn auf der »leichten« waren Rundgänge im Garten erlaubt, in der »schweren« nicht. Normalerweise kümmerte sich niemand um sie. Sie lag wie all die anderen Frauen auch auf ihrem Bett. Manchmal schien sie in einer ganz anderen Welt zu sein. Die Tabletten, die mit dem Frühstück einzunehmen waren, versetzten sie in eine Traumwelt. Katharina M. verlor wieder jedes Gefühl für Zeit, gewöhnte sich daran, das Tageslicht als Wegweiser durch die endlosen Stunden des Klinikalltags zu nehmen.
Frühmorgens wurden sie geweckt, dann wurden sie in einen kargen Waschraum geführt, wo eine Schwester darüber wachte, daß alles schnell vonstatten ging. Danach gab es ein rationiertes Frühstück – schließlich war man ja im Krieg. Dann die Tabletten und dann nichts mehr. Einfach so daliegen, vor sich hin däm-

mern, warten, bis es Abend wird und man wieder einschläft. Tag für Tag, Nacht für Nacht.

»Katharina M.!«
»Ja, was ist?« schreckte sie hoch.
»Mitkommen zum Arzt.«
Ihr Herz klopfte bis zum Hals, als der Pfleger sie in den schäbigen, kleinen Raum führte. Hinter dem Tisch saß ein Arzt, der bei ihrem Eintreten weder aufblickte noch sonst irgendeine Reaktion zeigte. Als er aufstand, bemerkte sie unter dem Kittel schwarze Stiefel. Ein SS-Arzt, ging es ihr durch den Kopf, jetzt bist du also auch dran. Sie hatte furchtbare Angst, wußte aber auch, daß ihr niemand helfen würde. Sie hatte schon vor einigen Tagen Frauen gesehen, denen man die vorderen Kopfhaare geschoren hatte. Rote, manchmal eitrig entzündete Einstichstellen waren zu sehen. Sie seien punktiert worden, hieß es, einen Tumor habe man entdeckt, deshalb sei diese Behandlungsmethode notwendig gewesen.
Viele der so behandelten Frauen haben daran geglaubt, nach und nach sind alle gestorben.
»Ziehen Sie sich aus, ich muß Sie untersuchen«, hörte sie den SS-Arzt sagen. Ihre Kehle war trocken und zugeschnürt. Langsam begann sie, sich auszuziehen, stand schließlich nackt vor dem abschätzig blickenden Arzt. Er begann sie zu untersuchen, ab und zu fragte er nach Krankheiten. Katharina M. war so aufgeregt, daß sie kaum antworten konnte.
»Außer Kinderkrankheiten nichts, Herr Doktor.«
»Welche, genau bitte?«
Stockend listete sie die Krankheiten auf, beantwortete so gut es ging Fragen nach ihrer Familie, deren Sinn sie nicht verstand. Immer wieder gingen ihr die punktierten Frauen durch den Kopf. Sie sah sich selbst schon mit einem turbanähnlichen Kopfverband über die Krankenstation laufen. Der Arzt machte sich auf einem Krankenblatt ein paar Notizen, kreuzte hier und da etwas an und sagte schließlich:
»Tja, das wär's schon, Sie können sich wieder anziehen.«
»Und was ist jetzt?« fragte Katharina zögernd, während sie die Kleider vom Stuhl nahm und sich anzog.
»Das werden wir Ihnen zu gegebener Zeit schon noch mitteilen; dann sehen wir weiter. Jetzt gehen Sie erst mal in Ihr Zimmer

zurück«, war die Antwort des Pflegers, der die ganze Zeit im Raum geblieben war.
Wieder vergingen Tage des Wartens. Katharina M. zermarterte sich das Gehirn, was man mit ihr vorhaben könnte. Vielleicht ist ja wirklich etwas mit mir nicht in Ordnung? Sosehr sie sich auch dagegen wehrte, diese Zweifel kamen immer häufiger. Vielleicht wollen die Ärzte mir ja wirklich nur helfen? Aber was ist es, welche Krankheit habe ich, ich war doch bisher eigentlich immer gesund, habe nie Beschwerden gehabt. Und jetzt sitze ich hier, kann mit niemandem sprechen, niemand kann mich besuchen. Nicht einmal Gustav kann ich sehen. Ob er auch noch hier ist?
Als nach einigen Tagen immer noch nichts geschehen war, hielt sie ihre Ungewißheit nicht mehr aus. Sie ging zu dem Pfleger.
»Sagen Sie mir bitte, warum ich hier bin. Welche Krankheit habe ich, warum muß ich hierbleiben, warum schicken Sie mich ständig von einer Abteilung in eine andere?«
»Frau M., es ist verboten, die geschlossene Abteilung unerlaubt zu verlassen. Also gehen Sie wieder in Ihr Zimmer zurück«, entgegnete er unfreundlich.
»Ich gehe erst, wenn Sie mir meine Fragen beantwortet haben.« Dabei nahm sie allen ihr noch verbliebenen Mut zusammen und blickte dem Mann herausfordernd in die Augen.
»Ich rate Ihnen, in Ihr Zimmer zurückzugehen, außerdem darf ich keine Auskünfte über das Krankheitsbild von Patienten geben.«
»Dann möchte ich jemanden sprechen, der mir Auskunft geben kann. Sie können mich doch nicht einfach hier festhalten, bloß weil ich meinen Bruder besuchen wollte, und mir nicht mal sagen warum.«
»Warten Sie hier«, sagte der Pfleger und verließ das Zimmer. Nach ein paar Minuten kam er in Begleitung eines anderen Pflegers zurück.
»Sie kennen unseren kleinen Raum ja schon. Da können Sie sich jetzt ein bißchen beruhigen. Kommen Sie mit.« Dabei griff er nach ihrem Arm, verlieh seiner Äußerung unmißverständlich Nachdruck. Schon nach ein paar Schritten wußte Katharina M., wohin der Weg führte. Als sich die Eisentür mit dem kleinen Guckloch zum zweitenmal hinter ihr schloß, verließen sie ihre Kräfte. Sie fiel auf den harten Boden, wachte erst Stunden später wieder auf. Der penetrante Geruch, an den sie sich auch beim

erstenmal nicht hatte gewöhnen können, verursachte ihr Übelkeit. Sie drehte sich auf die Matratze, die scheinbar unberührt an der gleichen Stelle lag. Sie schlief wieder ein, wurde durch das Klappern des schweren Schlüsselbundes wach. Die zweite Isolierhaft war nach wenigen Stunden beendet, sie durfte die Zelle verlassen.

Die nächsten Tage vergingen wie alle vorherigen. Niemand sagte ihr den Grund ihres Aufenthaltes in der Nervenklinik, sie hatte keinen Kontakt zur Außenwelt, und die anderen Patientinnen waren auch nicht sehr gesprächig. Eines Tages aber geschah das Unfaßbare: Der Pfleger teilte ihr mit, sie könne gleich nach dem Mittagessen die Klinik verlassen und nach Hause gehen. Katharina M. wußte nicht, daß am gleichen Tag auch Gustav, ihr Bruder, die Charité verlassen durfte.

Gustav und Katharina beschlossen, ein ganz neues Leben anzufangen, den Alptraum Charité möglichst bald zu vergessen. Wenn sie alleine waren, sprachen sie manchmal über die Zeit in der Klinik, machten sich gegenseitig Mut und versuchten zu verarbeiten, was nicht zu verarbeiten war. Gustav bekam eine Stelle als Gärtnerlehrling, Katharina nahm eine Arbeit in einer Berliner Buchbinderei an. Allmählich gliederten sich die beiden in den Kriegsalltag ein und gewöhnten sich an das Leben außerhalb der Klinikmauern. So verging fast ein halbes Jahr.

Im Januar 1941 klingelte es eines Morgens an der Tür. Der Postbote überbrachte einen Brief des Erbgesundheitsgerichts in Berlin.

»Was ist das für ein Gericht, was wollen die von euch? Erbgesundheitsgericht«, buchstabierte Katharinas Mutter, als sie den an ihre Kinder gerichteten Brief in der Hand hielt. Katharina öffnete:

»Vorladung, steht hier«, las sie laut vor. »Vorladung zur Verhandlung des Erbgesundheitsgerichtes Berlin, am 21. Januar 1941, um 10.30 Uhr, Raum 410.« Katharina M. las weiter, ohne zu verstehen, was dort stand. »Ich habe keine Ahnung, was das soll. 21. Januar, das ist ja schon in ein paar Tagen.« Kreidebleich legte sie den Brief zur Seite. Sie hatte zwar keine Vorstellung von dem, was auf sie und Gustav zukommen würde. Aber diese Vorladung zu einer Verhandlung des Erbgesundheitsgerichtes ließ eine böse Ahnung in ihr aufkeimen.

 Die hintere Wand des Gerichtssaales war mit einer großen Ha-

kenkreuzfahne geschmückt. Der Richter und die Beisitzer, die alle den Doktortitel führten, saßen erhöht auf einem Podest. Katharina M. nahm mit ihrem Bruder auf einer kleinen Holzbank Platz, die vor einem Tisch stand. Ihre Mutter mußte sich auf einen Stuhl am hinteren Ende des großen Raumes setzen. Der Richter begann mit der Verhandlung.
»Vor dem Erbgesundheitsgericht Berlin wird heute im Namen des deutschen Volkes über die Angelegenheit Gustav und Katharina M. verhandelt. Beide sind erschienen und ausgewiesen, ein Verteidiger wurde nicht bestellt oder beauftragt. Die Verhandlung ist eröffnet.«
Der Richter diktierte der Sekretärin die Personalien, zitierte einige Paragraphen und begann in dem vor ihm ausgebreiteten Aktenordner zu blättern:
»Dem Gericht liegen die ärztlichen Befunde der Nervenheilanstalten Eickelborn und Neustadt sowie ein medizinisches Gutachten der Charité in Berlin vor. Meine Herren«, dabei blickte er zu den Beisitzern, »meine Herren, ersparen Sie mir die Einzelheiten. Die Unterlagen weisen in beiden hier zu verhandelnden Fällen Schizophrenie nach. Die durchgeführten Tests lassen gar keinen Zweifel zu, die medizinischen Berichte sind ausführlich und begründet. Es besteht keine Chance auf Heilung, das führt im übrigen auch der Amtsarzt des Wohnbezirks aus, der ja bekanntlich den Antrag auf Sterilisation gestellt hat.« Der Richter machte eine kleine Pause, schien auf eine Reaktion zu warten und fuhr dann fort: »Entsprechend den Bestimmungen des Gesetzes zur Verhütung des erbkranken Nachwuchses vom 14. Juli 1933, Reichsgesetzblatt und so weiter und so weiter, kommt hier der § 1, Abs. 2,2 zur Anwendung. Danach kann auf dem Wege eines chirurgischen Eingriffs unfruchtbar gemacht werden, wer an Schizophrenie als Erbkrankheit leidet.«
Die angesprochenen Beisitzer nickten zustimmend, während der Richter weitere Paragraphen der Gerichtssekretärin ins Protokoll diktierte.
»Es scheint, als seien die beiden mit der Anwendung des Gesetzes einverstanden«, meinte einer der Beisitzer, während der Richter unablässig diktierte, »sonst hätten sie sich ja wohl einen Rechtsbeistand genommen oder wenigstens etwas gesagt während der Verhandlung.« Der Richter grinste und wühlte erneut in den Akten herum. Einen Rechtsbeistand, dachte Katharina M., einen

Merkblatt

„Wer körperlich nicht gesund und würdig ist, darf sein Leid nicht im Körper seines Kindes verewigen. Der Staat muß Sorge tragen, daß nur, wer gesund ist, Kinder zeugen darf. Umgekehrt aber muß es als verwerflich gelten, gesunde Kinder dem Staat vorzuenthalten. Die Forderung, daß defekten Menschen die Zeugung anderer, ebenso defekter Nachkommen unmöglich gemacht wird, ist eine Forderung klarster Vernunft und bedeutet in ihrer planmäßigen Durchführung die humanste Tat der Menschheit. Sie wird Millionen von Unglücklichen unverdiente Leiden ersparen, in der Folge aber zu einer steigenden Gesundung überhaupt führen."

Adolf Hitler: Mein Kampf.

Nur gesunde Völker können sich im Daseinskampf behaupten. Ein Volk ist gefährdet, wenn sich die Erbkranken stärker fortpflanzen als die Erbgesunden. Diese Gefahr kann nur gebannt werden, wenn die Ursachen mit wirksamen Mitteln bekämpft werden.

1. Es ist notwendig, den Nachwuchs der Erbgesunden zu verstärken.
2. Es muß verhütet werden, daß der erbkranke Nachwuchs weiter ansteigt; das Endziel muß sein, die Erbkrankheiten im deutschen Volk auszurotten.

Diese beiden Aufgaben hat der nationalsozialistische Staat in Angriff genommen, da sie sich notwendigerweise ergänzen. Der zuletzt genannten Aufgabe dient das „Gesetz zur Verhütung erbkranken Nachwuchses" vom 14. Juli 1933.

„Unfruchtbarmachung" und „Kastration".

In weiten Kreisen der Bevölkerung herrscht über das Wesen der Unfruchtbarmachung noch Unklarheit; Unfruchtbarmachung wird oft mit Kastration verwechselt. Deshalb sei hervorgehoben, daß Unfruchtbarmachung nichts mit Kastration zu tun hat. Bei der Kastration werden bestimmte wesentliche Teile der Geschlechtsorgane entfernt und dadurch die Persönlichkeit des Kastrierten verändert, insbesondere auch das Geschlechtsempfinden beseitigt. Das ist bei der Unfruchtbarmachung nicht der Fall. Der Unfruchtbargemachte bleibt im Vollbesitz seiner körperlichen, geistigen und seelischen Kräfte, kann auch weiterhin Geschlechtsverkehr ausüben. Die Unfruchtbarmachung unterscheidet sich also wesentlich von der Kastration.

Nach dem Gesetz zur Verhütung erbkranken Nachwuchses können Menschen, die an bestimmten, im Gesetz genannten Erbkrankheiten leiden, unfruchtbar gemacht werden. Der Erbkranke wird dadurch in seiner Persönlichkeit nicht verändert. Sein Gefühlsleben, auch sein Geschlechtsempfinden wird nicht beeinträchtigt. Es wird ihm nur unmöglich gemacht, seine kranken Erbanlagen weiter fortzupflanzen. Dadurch ist es möglich, den Anteil der Erbkranken an der Gesamtbevölkerung zurückzudrängen, ohne daß die lebenden Erbkranken geschädigt werden.

„Erbkranke" und „Geisteskranke".

Es muß streng unterschieden werden zwischen Erbkranken und Geisteskranken. Geisteskrank ist nur ein Teil der Erbkranken. Es gibt unter den Erbkranken eine große Zahl von Volksgenossen, die geistig und sittlich als vollwertige Menschen angesehen werden müssen, aber an einer Erbkrankheit leiden, deren Weitergabe an kommende Generationen ein Verbrechen am Volk und am Einzelnen bedeutet. Hierzu müssen die Volksgenossen gerechnet werden, die trotz bedrohlicher, die geistige Gesundheit gefährdender Erbanlagen im Besitze ihrer geistigen Kraft sind, deren Kinder aber mit größter Wahrscheinlichkeit geistesschwach oder sogar geisteskrank werden müssen. Nichts wäre falscher, als wenn diese Gruppe erbkranker Volksgenossen als „minderwertig" im gebräuchlichen Sinne des Wortes angesehen würde. Dasselbe gilt für die erblich Blinden und Tauben und die Volksgenossen, die an schwerer körperlicher Mißbildung leiden.

Sehr viele Erbkranke sind sittlich vollwertige Volksgenossen.

Ein Zeichen für die sittliche Vollwertigkeit mancher Erbkranken ist die Tatsache, daß der Blindenverband, seinen Mitgliedern, die erblich blind sind, zur Pflicht gemacht hat, sich freiwillig der Unfruchtbarmachung zu unterziehen, um damit namenloses Unglück für kommende Generationen auszuschalten. Die Angehörigen des Verbandes sind dieser Aufforderung gefolgt. Vor einer solchen Haltung muß jeder Volksgenosse die größte Hochachtung empfinden. Hier bringen Menschen aus Rücksicht auf das Wohl des Ganzen ein Opfer, das mit zu den schwersten Opfern gehört, das ein Mensch überhaupt bringen kann: den Verzicht auf das Weiterleben in Kindern und Kindeskindern. Es muß also grundsätzlich betont werden: freiwillige Meldung zur Unfruchtbarmachung ist oft ein Zeichen von sittlicher Hochwertigkeit.

Sittliche und religiöse Lebensauffassung verlangen die Verhütung erbkranken Nachwuchses.

Religiöse und andere Bedenken können gegen das Gesetz zur Verhütung erbkranken Nachwuchses nicht durchdringen. Es kann nicht gegen den Willen Gottes sein, dafür zu sorgen, daß die Gesunden und Lebenskräftigen sich vermehren können, und zu verhindern, daß Menschen geboren werden, denen das Leben von vornherein eine Last sein muß.

> Gott kann nicht wollen, daß Kranke und Sieche sich weiter in Kranken und Siechen fortpflanzen!

Die von Gott geschaffene Natur scheidet alle Kranken nach ihren ehernen Gesetzen von selbst aus. Das galt noch vor wenigen Jahrzehnten auch für den Menschen. Kranke und Sieche kamen infolge eines natürlichen und gesunden Volksempfindens nicht zur Ehe und damit auch nicht zur Fortpflanzung. Erst das naturfremde Leben der modernen Zivilisation verhalf ihnen zur Fortpflanzung und stellte die Fortschritte ärztlicher Kunst in den Dienst der Kranken, um sie auf Kosten der Gesunden am Leben zu erhalten und sich fortpflanzen zu lassen. Der nationalsozialistische Staat sichert dem einmal geborenen Erbkranken den notwendigen Unterhalt und, falls erforderlich, auch die notwendige Pflege. Er muß aber eine Weiterverbreitung der kranken Anlage verhindern. Jeder Geisteskranke nimmt zwei gesunden Menschen die Lebensmöglichkeit.

Die Verhütung erbkranken Nachwuchses dient nur der Wiederherstellung gesunder und gottgewollter Verhältnisse und entspricht damit dem in den Naturgesetzen enthaltenen göttlichen Willen...

Rechtsbeistand können wir uns nicht leisten, wir haben nicht das Geld dazu. Sie blickte abwechselnd zu Gustav und zu ihrer Mutter. Dann wieder der Richter:
»Sie konnten der Verhandlung folgen. Ich frage Sie nun, Katharina M., für sich und Ihren Bruder, ob Sie mit der Unfruchtbarmachung einverstanden sind, oder ob Sie wünschen, wieder in eine Nervenheilanstalt verbracht zu werden?«
Dieser Satz hämmerte in Katharinas Gehirn. Einverstanden mit einer zwangsweisen Unfruchtbarmachung? Wie sollte sie damit einverstanden sein? Die Äußerung des Richters hatte sie derart verschreckt, daß sie nicht in der Lage war, zu antworten. Sterilisation, das wollten die Ärzte also, die sie und ihren Bruder so lange festgehalten hatten. Sie blickte ihn an, Gustav aber zuckte nur hilflos mit den Schultern, dann hörte sie wieder den Richter, dessen Stimme sie nie vergessen würde. Innerhalb von 14 Tagen hätte der Eingriff zu erfolgen, andernfalls würden sie unverzüglich wieder in die Charité oder ein anderes geeignetes Haus eingewiesen.
»Frau Katharina M., bitte kommen Sie nach vorne. Ich übergebe Ihnen jetzt einen Merkzettel, den Sie sich bitte sorgfältig durchlesen und befolgen und dessen Inhalt Sie auch Ihrem Bruder zur Kenntnis geben.« Dann wandte er sich an die Sekretärin, die die Verhandlung scheinbar teilnahmslos verfolgt hatte: »Bitte nehmen Sie ins Protokoll auf: Anschließend wurde Frau Katharina M. das Merkblatt über das Wesen der Unfruchtbarmachung mit dem Hinweis übergeben, dieses genau zu lesen und auch Ihrem Bruder zur Kenntnis zu geben. Meine Herren, die Verhandlung ist geschlossen.« Die Gerichtssekretärin reichte ihm das Protokoll zur Unterschrift. Während der Richter sich schon erhoben hatte und der kleinen Tür in der hinteren Wand zustrebte, hörte Katharina M., wie sich die Beisitzer unterhielten:
»Wie viele haben wir heute noch?«
»Ich glaube noch vier, aber die gehen ähnlich reibungslos wie eben. Dauert also nicht so lange wie vergangene Woche.«
Sie betrachtete den Zettel über das Wesen der Unfruchtbarmachung. Neben medizinischen Erklärungen und Folgen der Operation las sie, man dürfe keinesfalls über die Verhandlung und über

←
Auszug aus dem Merkblatt über das Wesen der Unfruchtbarmachung, *aus:* Seidler/Rett »Rassenhygiene«, Jugend und Volk Wien/München, 1988

die Klinikaufenthalte sprechen. Ferner sei es verboten, eine Ehe mit einem nicht erbkranken Partner einzugehen. Eine höhere Schule zu besuchen, war ebenso verboten wie eine weiterführende Berufsausbildung.
Eine halbe Stunde hatte alles gedauert. Nun standen sie in einem leeren Gerichtssaal, der Gerichtsdiener öffnete die Tür und bat sie nach draußen. Wie ein böser Spuk wirkten die Minuten, die sich das Gericht Zeit genommen hatte, unwiderruflich über das Leben von Katharina und Gustav M. zu entscheiden.
Zu Hause überlegten sie, was zu tun sei.
»Also auf keine Fall gehe ich noch mal in eine Anstalt, das war zu grausam. Wenn ich an die Zelle denke, wird mir jetzt noch schlecht«, sagte Katharina.
»Ich geh' auch nicht mehr in die Anstalt zurück, niemals«, bekräftigte Gustav, fügte aber hinzu: »Vielleicht können wir ja abhauen, untertauchen?«
»Weißt du wohin? Die suchen uns doch bestimmt überall, bei Verwandten und so. Und Geld haben wir auch nicht. Wir können nicht abhauen und uns verstecken. Wenn wenigstens Vati da wäre, der könnte vielleicht noch was machen.«

14 Tage später war es soweit. Katharina M. machte sich auf den Weg ins Krankenhaus – in die Charité. Schon beim Anblick des Gebäudes wurden ihr die Knie weich, doch sie ging weiter. Sie bekam ein Bett zugewiesen und mußte drei Tage warten.
Der Eingriff bei Gustav wurde mit örtlicher Betäubung durchgeführt; er kam relativ schnell wieder auf die Beine. Kurze Zeit später wurde er in ein Bewährungskommando eingezogen und mußte in den Krieg. Wochen später erhielt sie die Nachricht, er sei nach einem Unfall in Amsterdam verstorben. Jahre nach dem Krieg wird Katharina M. erfahren, daß er seinem Leben durch Genickschuß selbst ein Ende gesetzt hat.
Am Himmel über Berlin zogen die ersten alliierten Bomber ihre Bahnen, warfen ihre todbringende Last nahezu ungestört auf die Stadt. Während die anderen Patienten bei Fliegeralarm in den Luftschutzkeller gebracht wurden, mußte sie auf dem Zimmer bleiben.
»Sie bleiben im Zimmer«, hieß es.
»Ja, aber warum denn, das ist doch gefährlich.«
»Das ist egal«, war die lapidare Antwort der Schwester. Der chirurgische Eingriff wurde stümperhaft durchgeführt. Katha-

rina M. wird ihr ganzes Leben Schmerzen im Unterleib haben. Folgeoperationen werden notwendig.

Nachdem sie aus der Narkose erwacht war, begann Katharina M. langsam zu erfassen, was mit ihr geschehen war. Nie würde sie Kinder bekommen können, dabei hätte sie so gerne welche gehabt. Ein »normales« Familienleben, wie sie es sich vorgestellt hatte, würde wohl auch nicht möglich sein – wer wollte schon eine sterilisierte Frau heiraten? Wieder lag sie tagelang allein im Bett, wieder konnte sie keinen Grund finden, warum man sie so behandelte. Nebenan rasten die Bomben in den Lehrter Bahnhof, die Fensterscheiben ihres Zimmers zerbarsten, Katharina M. kroch unter die Bettdecke und wartete, bis auch dieser Angriff vorbei war. Er ging vorbei, aber die Angst blieb, ebenso wie die Schmerzen und die Wut, Opfer eines willkürlichen Verbrechens geworden zu sein.

Anmerkungen

Eine Vergangenheit, die nicht vergeht

1 Dieter Franck, Jahre unseres Lebens 1945–1949, München 1980, S. 32
2 Deutsche Tagespost vom 8. Mai 1985
3 Lorenz Niegel, Der 8. Mai im Meinungsbild, Bonn 1986
4 Ebenda, S. 7ff.
5 Nation Europa, Nr. 9/1986, S. 5f.
6 Arno Klönne, Rechtsextreme Tendenzen in der politischen Kultur der Bundesrepublik, in: Matthias von Hellfeld, Im Schatten der Krise, Köln 1986, S. 28f.
7 Die Rede Philipp Jenningers ist abgedruckt in der ZEIT vom 18. November 1988, S. 4ff.
8 Matthias Greffrath in der ZEIT vom 18. November 1988
9 Zum Historikerstreit, der hier in verkürzter Form skizziert ist, gibt es eine Fülle von Literatur. Einen Überblick erhält man bei: Hans-Ulrich Wehler, Entsorgung der deutschen Vergangenheit?, München 1988; Ernst Nolte, Das Vergehen der Vergangenheit, Berlin 1987; Reinhard Kühnl, Streit ums Geschichtsbild – Die »Historiker-Debatte«, Dokumentation, Darstellung und Kritik, Köln 1987; Dan Diner, Ist der Nationalsozialismus Geschichte – Zu Historisierung und Historikerstreit, Frankfurt 1987; Historikerstreit – Die Dokumentation der Kontroverse um die Einzigartigkeit der nationalsozialistischen Judenvernichtung, München 1987; Eike Hennig, Zum Historikerstreit, Frankfurt 1988
10 Claus Leggewie, Die Republikaner – Phantombild der neuen Rechten, Berlin 1989, S. 95
11 Kurt Hirsch/Hans Sarkowicz, Schönhuber – Der Politiker und seine Kreise, Frankfurt 1989, S. 67ff.; Claus Leggewie, a.a.O., 1989, S. 71ff. Besonders eindringlich wird das belegt durch Michael Schomer, Deutschland ganz rechts, Köln 1990
12 Gerhard Boeden in einem dpa-Interview vom 16. Februar 1989
13 Vgl. dazu: FORSA-Gesellschaft für Statistik und statistische Analyse: Untersuchung über rechtsradikales Wählerpotential in Nordrhein-Westfalen, im Auftrag des WDR (März 1989), dokumentiert in: Matthias von Hellfeld (Hrsg.), Dem Haß keine Chance – Der neue rechte Fundamentalismus, Köln 1989, S. 96ff.
14 Fritz Theilen, Edelweißpiraten, Frankfurt 1987

15 Wilfried Röhrich, Die Demokratie der Westdeutschen – Geschichte und politisches Klima einer Republik, München 1988, S. 18
16 Ernst Klee, Was sie taten – was sie wurden, Ärzte, Juristen und andere Beteiligte am Kranken- und Judenmord, Frankfurt 1987
17 Süddeutsche Zeitung vom 16./17. Oktober 1965, zit. nach: Wilfried Röhrich, a.a.O., 1988, S. 45
18 Claude Lanzmann, Shoah, Düsseldorf 1986

Herbert Westenburger – Freundschaft, nicht Kadavergehorsam

1 Peter D. Stachura, Das Dritte Reich und Jugenderziehung: Die Rolle der Hitler-Jugend 1933–1939, in: M. Heinemann (Hrsg.), Erziehung und Schulung im Dritten Reich, Stuttgart 1980, S. 99
2 Matthias von Hellfeld, Edelweißpiraten in Köln, Köln 1983, S. 15. Die hier verwendeten Abkürzungen bedeuten: SA = Sturmabteilung; SS = Schutzstaffel; NSKK = Nationalsozialistisches Kraftfahrer-Korps.
3 Martin Klaus, Mädchen im Dritten Reich – Der Bund Deutscher Mädel (BDM), Köln 1983
4 Jochen von Lang, Der Hitler-Junge – Baldur von Schirach, der Mann, der Deutschlands Jugend erzog, Hamburg 1988; Michael Wortmann, Baldur von Schirach – Hitlers Jugendführer, Köln 1982
5 Hermann Giesecke, Vom Wandervogel bis zur Hitlerjugend – Jugendarbeit zwischen Politik und Pädagogik, München 1981; Kurt-Ingo Flessau/Elke Nyssen/Günter Pätzold, Erziehung im Nationalsozialismus, Köln 1987
6 Arno Klönne, Jugend im Dritten Reich – Die Hitlerjugend und ihre Gegner, Düsseldorf 1983, S. 42
7 Matthias von Hellfeld/Arno Klönne, Die betrogene Generation – Jugend im Faschismus, Köln 1987, Kap. 4, 7 und 8
8 Ulrich Herrmann (Hrsg.), »Die Formung des Volksgenossen« – Der »Erziehungsstaat« des Dritten Reiches, Weinheim 1985
9 Dieser und alle weiteren Gesetzestexte sind zitiert nach: Matthias von Hellfeld/Arno Klönne, a.a.O., 1987
10 Matthias von Hellfeld/Arno Klönne, a.a.O. 1987, S. 99 ff.
11 Heinz Boberach, Jugend unter Hitler, Düsseldorf 1982, S. 103 ff.; Hans-Christian Brandenburg, Die Geschichte der HJ, Wege und Irrwege einer Generation, Köln 1982, S. 227 ff.
12 Helmut Frießner, Forderungen der Wehrmacht an die Jugenderziehung, Bonn 1941, zit. nach: Matthias von Hellfeld/Arno Klönne, a.a.O. 1987, S. 213
13 Hellmut Stellrecht, Die Wehrerziehung der deutschen Jugend (1937), abgedruckt in: Internationales Militärtribunal (IMT), Band 29, Dok. 1992-PS, S. 189 ff.

14 Bundesarchiv Koblenz, NS 28/30, Bl. 1
15 Wilhelm Heußler, Aufbau und Aufgabe der NS-Jugendbewegung, Würzburg 1940, S. 25
16 Bundesarchiv Koblenz, R 22/1189, Bl. 113–115
17 Aus der Vielzahl der zu diesem Thema erschienenen Literatur sei hier verwiesen auf: Karl-Heinz Jahnke, Entscheidungen – Jugend im Widerstand 1933–1945, Frankfurt 1985; Detlev Peukert, Edelweißpiraten, Köln 1983; Wolfgang Uellenberg, Die Auseinandersetzungen sozialdemokratischer Jugendorganisationen mit dem Nationalsozialismus, Köln 1981
18 Vgl. hierzu u. a.: Oskar Neisinger, Flugblätter. Katholische Jugend im Widerstand gegen den Nationalsozialismus, Würzburg 1982; Manfred Priepke, Die evangelische Jugend im Dritten Reich, Hannover/Frankfurt 1960; Hans Roth, Katholische Jugend in der NS-Zeit, Düsseldorf 1959
19 Mit dieser Feststellung soll eine andere Tatsache nicht geleugnet werden. Es gab innerhalb der Bündischen Jugend einen zahlenmäßig sicher größeren Teil, der sich reibungslos in die HJ einreihen ließ. Einige unternahmen den Versuch, die HJ als »Vollenderin der Jugendbewegung« darzustellen, andere wechselten aus politischer Überzeugung oder aus Opportunismus das Lager.
20 Stefan Krolle, »Bündische Umtriebe« – Zur Geschichte des Nerother Wandervogels vor und unter dem NS-Staat, Münster 1985
21 Arno Klönne, a.a.O., 1984, S. 105 ff.
22 Matthias von Hellfeld, Bündische Jugend und Hitlerjugend, ein Beitrag zur Geschichte von Anpassung und Widerstand, Köln 1987, S. 31 ff.
23 Geschichten und Texte von Eberhard Koebel finden sich bei Werner Helwig, Tusk – Gesammelte Schriften und Dichtungen, Heidenheim 1962
24 Matthias von Hellfeld, a.a.O., 1983; Michael Jovy, Jugendbewegung und Nationalsozialismus, Münster 1984; Arno Klönne, Jugendkriminalität und Jugendopposition im NS-Staat, Münster 1981; Detlev Peukert, a.a.O., 1983; Kurt Piehl, Latscher, Pimpfe und Gestapo, Frankfurt 1983; Fritz Theilen, Edelweißpiraten, Frankfurt 1987
25 Lagebericht der Reichsjugendführung zur »Kriminalität und Gefährdung der Jugend« vom 1. 1. 1941, S. 113, nachgedruckt bei: Arno Klönne, a.a.O., 1981
26 Matthias von Hellfeld, a.a.O., 1987, S. 124 ff.
27 Zitiert nach: Susanna Keval, Widerstand und Selbstbehauptung in Frankfurt am Main 1933–1945, Frankfurt 1988, S. 48

Carlotta Marchand – Opfer der nationalsozialistischen Judenpolitik

1 Günther Bernd Ginzel u. a. (Hrsg.), Mit Hängemaul und Nasenzinken – Erziehung zur Unmenschlichkeit, Düsseldorf 1984, S. 14
2 Lukas 2,22–23 und Lukas 7,51–52
3 Günther Bernd Ginzel, Hitlers Urenkel – Neonazis: ihre Ideologien und Aktionen, Düsseldorf 1981, S. 69
4 Günther Bernd Ginzel, a.a.O., 1984, S. 16
5 Weitere Textauszüge bei: Günther Bernd Ginzel, a.a.O., 1984, S. 19 f.
6 Zitiert nach: Hundert Jahre deutscher Rassismus, hrsg. von der Kölnischen Gesellschaft für christlich-jüdische Zusammenarbeit, Köln 1988, S. 18
7 Siehe dazu: Henryk M. Broder, Der ewige Antisemit – Über Sinn und Funktion eines beständigen Gefühls, Frankfurt 1986; Hermann Greive, Geschichte des modernen Antisemitismus in Deutschland, Darmstadt 1988; Paul W. Massing, Vorgeschichte des politischen Antisemitismus – Von der Judenfeindschaft zum Holocaust, Schriftenreihe der Bundeszentrale für politische Bildung, Bd. 213, Bonn 1984
8 Das Leben, Bd. 4A, Biologisches Unterrichtswerk für höhere Schulen, Leipzig/Berlin 1941, S. 287
9 Peter Weingart/Jürgen Kroll/Kurt Bayertz, Rasse, Blut und Gene – Geschichte der Eugenik und Rassenhygiene in Deutschland, Frankfurt 1988, S. 375
10 Ebenda, S. 503
11 Diese Angaben beziehen sich im wesentlichen auf: Matthias von Hellfeld/Arno Klönne, Die betrogene Generation – Jugend im Faschismus, Köln 1987; Walther Hofer, Der Nationalsozialismus – Dokumente 1933–1945, Frankfurt 1979; Reinhard Kühnl, Der deutsche Faschismus in Quellen und Dokumenten, Köln 1979; Wolfgang Scheffler, Judenverfolgung im Dritten Reich, Berlin 1964
12 Dieter Franck, Jahre unseres Lebens 1945–1949, München/Zürich 1980, S. 32 f.
13 Andreas Hillgruber, Die weltpolitischen Entscheidungen vom 22. Juni 1941 bis 11. Dezember 1941, in: Karl-Dietrich Bracher u. a., Nationalsozialistische Diktatur, 1933 bis 1945 – eine Bilanz, Düsseldorf 1983, S. 443
14 Volker Jakob/Annet van der Voort, Anne Frank war nicht allein – Lebensgeschichten deutscher Juden in den Niederlanden, Berlin/Bonn 1988, S. 10 ff.
15 Lothar Gruchmann, Der Zweite Weltkrieg – Kriegsführung und Politik, München 1979, S. 59
16 Robert Wistrich, Wer war wer im Dritten Reich, München 1983, S. 250

17 Werner Rings, Leben mit dem Feind – Anpassung und Widerstand in Hitlers Europa 1939–1945, München 1979, S. 160
18 Susanne Stern, Weitere Fakten zur deutschen Besatzungszeit in Holland, in: Carlotta Marchand, Wie durch ein Nadelöhr – Erinnerungen einer jüdischen Frau, Berlin 1985, S. 145 f.
19 Werner Rings, a.a.O., 1979, S. 217 f.
20 Ebenda, S. 107
21 Reinhard Kühnl, a.a.O., 1979, S. 273 ff.

Katharina M. – Opfer der nationalsozialistischen »Rassenhygiene«

1 Zitiert nach: Hundert Jahre deutscher Rassismus, hrsg. von der Kölnischen Gesellschaft für christlich-jüdische Zusammenarbeit, Köln 1988, S. 19
2 Ebenda, S. 19
3 Zitiert nach: Heinz Bergschicker, Deutsche Chronik 1933–1945 – ein Zeitbild der faschistischen Diktatur, Berlin-Ost, 1985, S. 102
4 Martin Broszat, Der Staat Hitlers, München 1981, S. 399
5 Karl-Dietrich Bracher/Manfred Funke/Hans-Adolf Jacobsen, Nationalsozialistische Diktatur 1933–1945 – eine Bilanz, Düsseldorf 1983, S. 537
6 Adolf Hitler, Mein Kampf, Auflage 1943 (Original 1925/1927), München, S. 446 ff.
7 Völkischer Beobachter, Ausgabe Bayern vom 1. 5. 1930, zitiert nach: Peter Weingart/Jürgen Kroll/Kurt Bayertz, Rasse, Blut und Gene – Geschichte der Eugenik und Rassenhygiene in Deutschland, Frankfurt 1988, S. 378
8 Zitiert nach: Der Nationalsozialismus – Dokumente 1933–1945, hrsg. von Walther Hofer, Frankfurt 1979, S. 285
9 Zitiert nach: Horst Seidler/Andreas Rett, Rassenhygiene – ein Weg in den Nationalsozialismus, Wien/München 1988, S. 132
10 Deutschland-Berichte der SOPADE, 3. Jahrgang 1936, Frankfurt 1980, S. 1042 f.
11 Zitiert nach: Horst Seidler/Andreas Rett, a.a.O., 1988, S. 136
12 Die Zitate sind entnommen aus: Ernst Klee, »Euthanasie« im NS-Staat – die »Vernichtung lebensunwerten Lebens«, Frankfurt 1986, S. 37 ff.
13 Verachtet – Verfolgt – Vernichtet – zu den vergessenen Opfern des NS-Regimes, hrsg. von der Projektgruppe für die vergessenen Opfer des NS-Regimes, Hamburg 1986, S. 105
14 Peter Weingart u. a., a.a.O., 1988, S. 465 und 470
15 Zitiert nach: Horst Seidler/Andreas Rett, a.a.O., 1988, S. 136 f.

16 Peter Weingart u. a., a.a.O., 1988, S. 429
17 Kurt-Ingo Flessau, Schule der Diktatur – Lehrpläne und Schulbücher des Nationalsozialismus, Frankfurt 1979, S. 201
18 Peter Weingart u. a., a.a.O., 1988, S. 476
19 Detlev Peukert, Arbeitslager und Jugend-KZ: die Behandlung ›Gemeinschaftsfremder‹ im Dritten Reich, in: Die Reihen fast geschlossen – Beiträge zur Geschichte des Alltags unterm Nationalsozialismus, hrsg. von Detlev Peukert und Jürgen Reulecke, Wuppertal 1981, S. 413 ff. Der Gesetzesentwurf ist dort abgedruckt.
20 Verachtet – Verfolgt – Vernichtet, a.a.O., 1986, S. 90 und 105
21 Peter Weingart u. a., a.a.O., 1988, S. 477
22 Adolf Hitler, a.a.O., 1943, S. 445
23 Renzo Vespignani, Faschismus, hrsg. von der Neuen Gesellschaft für Bildende Kunst und dem Kunstamt Kreuzberg, Berlin 1976, S. 95
24 Richard Kepp/Hans-Joachim Staemmler, Lehrbuch der Gynäkologie, Stuttgart 1980, S. 392
25 Die Beispiele sind entnommen aus: Informationen der sozialdemokratischen Bundestagsfraktion, Ausgabe 2385 vom 3. Dezember 1987, dort S. 2
26 Sämtliche Zitate stammen aus dem Schriftverkehr von Katharina M. mit diversen Bundesbehörden.

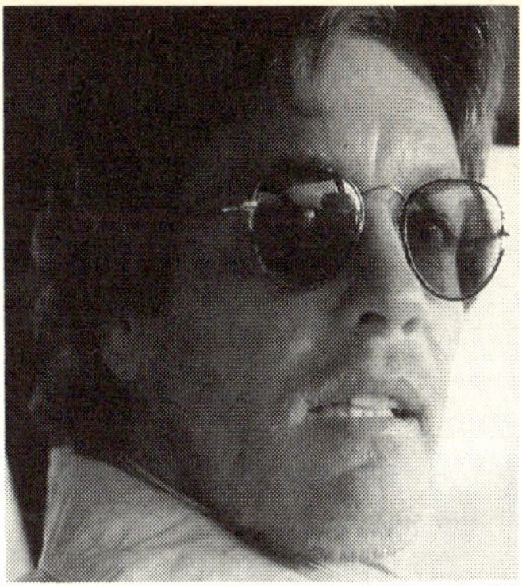

Dr. Matthias G. von Hellfeld,

Journalist beim Westdeutschen Rundfunk, wurde 1954 in Bremen geboren. Er studierte in Köln Geschichte und Sozialwissenschaften. Zahlreiche Buch- und Zeitschriftenveröffentlichungen, Rundfunk- und Fernsehbeiträge.
1984 erhielt er für seine Arbeit über die »Edelweißpiraten in Köln« den Carl-von-Ossietzky-Preis der Stadt Oldenburg/i. O.
Er beschäftigt sich seit Jahren mit der Geschichte des Nationalsozialismus und mit dem Rechtsfundamentalismus in der Bundesrepublik Deutschland.

fi 790/1

Robert Wistrich

Wer war wer im Dritten Reich?

Ein biographisches Lexikon

Anhänger, Mitläufer, Gegner aus Politik, Wirtschaft und Militär, Kunst und Wissenschaft

Fischer Taschenbuch Band 4373

»Wer war wer im Dritten Reich« enthält nahezu vierhundert Biographien von Persönlichkeiten, die in der Zeit des Nationalsozialismus eine wie auch immer geartete herausragende Rolle spielten.
Jede Biographie bildet eine Facette des damaligen Deutschland und ihre Verknüpfung zeigt die Vielzahl der Querverbindungen, die erst in ihrer Gesamtheit das Phänomen »Drittes Reich« ausmachen.
Folglich finden sich neben Politikern und Militärs ebenso Diplomaten, Beamte, Industrielle, Geistliche, Parteifunktionäre, SS- und Gestapoführer.
Aber auch Schauspieler, Schriftsteller, Maler, Bildhauer, Architekten, Sportler und Wissenschaftler, die in Deutschland blieben und es zu Prominenz brachten, stellen einen wichtigen, wenn auch oft zu wenig beachteten Teil der Wirklichkeit der damaligen Zeit dar.
Darüber hinaus geben die in diesem Buch festgehaltenen Lebensläufe keineswegs nur Sachinformationen weiter, sondern halten auch etwas von der Dimension des Menschlichen (und allzuoft nur Unmenschlichen) fest, die für das Begreifen dieser so entscheidenden Phase der modernen Geschichte unerläßlich ist.

Fischer Taschenbuch Verlag

fi 1042 / 1

»Euthanasie« im Nationalsozialismus

Ernst Klee
»Euthanasie« im NS-Staat
Die »Vernichtung unwerten Lebens«
Band 4326

Ernst Klee beschreibt erstmals umfassend und detailliert die als Geheime Reichssache bis 1945 durchgeführte Massentötung von alten, kranken oder sonst für »lebensunwert« erklärten Bürgern. Als Grundlage dienten dem Autor u.a. bisher unbekannte Text- und Bilddokumente aus Archiven der Bundesrepublik, der DDR, aus Österreich, Polen sowie der UdSSR.

Dokumente zur »Euthanasie«
Herausgegeben von Ernst Klee
Band 4327

Die meisten Materialien werden hier in dieser Form zum erstenmal veröffentlicht oder – sofern sie vor Jahrzehnten schon einmal gedruckt erschienen sind – der Vergessenheit entrissen. Erschreckend ist nicht allein, was und wie dies geschah. Erschreckend ist, wie viele Menschen freiwillig mitmachten.

Ernst Klee
Was sie taten – Was sie wurden
Ärzte, Juristen und andere Beteiligte am Kranken- oder Judenmord. Band 4364

Mit diesem Band wird das dreibändige Projekt »›Euthanasie‹ im Dritten Reich« abgeschlossen. Ernst Klee geht der Frage nach, was mit den damaligen Beteiligten/Aktivisten nach dem Kriege in der Bundesrepublik geschehen ist. Er kommt zu überraschenden Ergebnissen. Die Untersuchung zeigt, daß Ärzte, Juristen, Verwaltungsfachleute zum großen Teil ungestraft eine neue Existenz nach 1945 aufbauen konnten. Nicht wenige arbeiteten in ihrem alten Berufsfeld weiter – als Biedermänner getarnt.

Fischer Taschenbuch Verlag

fi 315/3